바람에게 하는 말

裕康 金炳烈 第 3 詩集
(詩와 時調)

바람에게 하는 말

도서출판 **우 림**

시인의 말

신축년 이 한해도 그 푸르던 잎들을 어느새 단풍으로 물들이고, 동짓달을 바라보는 결실과 수확의 계절 10월에 서 있습니다.

2012년 제1 시집 《바람이 가는 길》에 이어, 2015년 제2 시집 《바람꽃, 그리고 나》를 출간한 지 5년을 지나 여섯 해가 되었습니다.

이제 그 동안 바람을 따라 바람에게 읊조리던 노래를 바람결 사이에 모아 제3 시집 《바람에게 하는 말》을 상재하게 되었습니다.

우리는 말과 글을 통하여 느낌과 생각을 표현하고 서로 어울리며 살아갑니다. 시 또한, 감동이라는 전달 작용을 바탕으로 한 절실한 속마음으로부터 우러나온 말과 글로 이루어진다고 할 수 있습니다. 즉 속마음의 요구가 풍부하게 우러나올 때 비로소 본인이 소원한 시인이 될 수 있으리라 여겨집니다.

내면적인 갈망渴望이 있어야 시가 성립된다는 서경書經의 "시언지詩言志"가 바로 그런 뜻이라 사료됩니다. 그리고 의미 ·음성·이미지·어조 등의 요소들을 잘 조화시켜 표현할 때, 보다 더 훌륭하고 가치 있는 시가 될 것입니다.

시조는 가장 한국적인 것이고 한국적이어야 하는 정형시 문학장르이기 때문에, 그 전통성과 정통성을 최대한 지키면서 정형미를 살려야 합니다.

이 시집은 바로 이러한 점을 유념하면서 창작하였음을 밝혀 둡니다.

인생은 무상과 허무 등의 본질로도 바탕을 이루고 있음을 평소 깨닫지 못 하는 바가 많은데, 마음을 비우는 자세로 서정성과 감성을 내재시키고 표현해야 하리라 봅니다. 바로 이러한 심연深淵에서 아름다운 시를 창작하게 되면 희열과 행복을 느낄 것이기 때문입니다.

자연과 인간, 그리고 사회와의 교감 속에 자신만의 고유한 방식으로 가치관과 정서를 유기적으로 조율調律하여 글을 쓰겠다는 열정과 노력을 해야 합니다.

때로는 교교皎皎한 달빛처럼 미묘한 서정으로 아련한 그리움을 떠올리고, 한편으로는 포근하고 달콤한 모습과 애련한 감성으로, 그리고 대비적으로 준엄峻嚴한 관찰자의 자세로 사물의 내면 정서를 살려 내어 우리 가슴에 오랜 여운과 기어으로 남게 해야 한다고 봅니다.

위에 서술한 내용은 모두 작자인 제 자신의 공부를 위한 것이며, 자신을 일깨우기 위한 화두話頭입니다.

시작詩作은 때로는, 먼 옛날 잃어버린 것들을 애틋함과 감성을 안은 작가의 마음으로 오늘에 되살리는 작업이기도 하고, 소중히 여기던 많은 것들을 흔적으로 남기는 작업이기도 합니다. 그리하여 수많은 세월이 흘러도 세인世人들의 공감을 얻고 영혼의 향기로 길이길이 남기를 바라는 것이지요.

이제 새로운 바람이 되어 문학의 창작을 위해 자연 속으로, 시간 속으로 시공時空을 넘어 찾아 들어 내 안의 사유의 세계를 찾으렵니다.

이 책에 수록된 작품이 때론 고답적高踏的이고 교시적敎示的인 면이 있겠으나, 우리들 삶의 일부분이라 여기고 많은 이해 있으시기를 바라면서, 고마운 모든 분들께 감사의 뜻을 전합니다.

예리한 안목과 통찰력으로 매우 심도 있게 서평을 써 주신 문예창작지도교수이신 이광녕 박사님, 축하의 글을 써 주신 한국창작문학인협회 심의표 이사장님, 그리고 제주대학교명예교수님이신 김태곤 박사님, 표지화를 그려주신 김덕기 원로 화백님 감사합니다. 감사한 마음 가슴속 깊이 간직하겠습니다.

그리고 문학의 길에 시심詩心을 나누며 동행해 주시는 문사님들께도 감사의 말씀 전합니다.

끝으로, 시집 출간하기 까지 적극적인 이해는 물론, 그 누구보다도 충심으로 격려와 희망 그리고, 용기와 위로를 보내 준 내 귀한 가족들에게 고마운 마음과 사랑의 말을 전합니다.

2021년 10월 3일

경기도 하남시 黔丹山 아래 裕康齋에서

裕康 金 炳 烈 識

유강의 제 3 시집 "바람에게 하는 말" 상재를 축하하며

素沙 심 의 표

유강 김병렬 시인과는 오랫동안 문학을 이야기하며 살아 온 도반道伴이며, 30여 년간 문단 발전을 위해 동고동락 · 상경상애하면서 함께 해 온 동행 문우이다.

나는 그동안 유강의 두 시집 『바람이 가는 길』과 『바람꽃, 그리고 나』를 여러 번 읽어 보았으며, 또한 이번에 상재하는 세 번째 시집 『바람에게 하는 말』 원고를 하나하나 꼼꼼히 읽어 보았는 바, 그 율려律呂가 훌륭하고 내용에 있어서도 시사示唆하는 바가 많았고, 공감하는 바가 매우 크다.

유강의 시세계를 한마디로 요약하면, 그는 현미경으로 사물의 내면세계까지 깊이 꿰뚫어 보고 이를 분석해 내는 독창력을 지닌 연금술사인 듯 싶기도 하다.

또한 유강은 천성이 곧고 호방하며 많은 문인들을 배출한 문림의 향文林義鄕인 전남 장흥 출신으로 풍류객이 되어 순리대로 살아가고자 하는 자연인으로서, 선비정신이 온 몸에 가득 배어있는 시인이다.

그는 바람으로 마음을 따라 많은 사람들과 자연과의 교류를 통한 사유와 체험들을 작품 전편에 궤적軌跡을 삼아 재창조하는 노작勞作을 하였기에, 그의 작품들은 음미할수록 그 깊이를 더 해 간다.

때로는 심오한 사색(思索)의 숲길로 안내하기도 하고, 또 한편으로는 상념(想念)의 자락을 먼 추억의 뒤안길로 인도하는 듯 한, 그의 작품들은 긴 여운을 남긴다.

아울러 유강은 작품 전편에 걸쳐 운율적 감각을 실었으며, 시어에는 고도의 관찰과 투시를 바탕으로 한 객관적 깊이가 있어서 독자들로 하여금 크게 공감하게 하리라 여겨진다.

끝으로, 김병렬 시인의 제3 시집 간행을 다시 한번 축하하며, 장족의 발전 있기를 기대해 마지 않는다.

2021. 10. 15.

시인/수필가/(사)한국창작문학인협회 이사장/계간 한국창작문학 발행인
(사)한국문인협회 자문위원/국제PEN한국본부 자문위원(전)심의위원
아시아일보 논설위원(실장)/제1회 아시아일보 신춘문예 총괄심사위원 역임

유강(裕康) 김병렬 시인은 바람(風)이다

내가 그를 안 지 어언 45년인데, 서울 불암산 산자락에 자리 잡은 재현중학교에서 우리는 국어 교사로 만났다.

우리 모두 대학 졸업 후 첫 발령지이다.

그는 누구냐 하고 묻는다면 '바람이다'라고 바로 말하겠다. 그 '바람'이 세 번째 시집 '바람에게 하는 말'을 출간했다. 제1 시집 '바람이 가는 길', 제2 시집 '바람꽃, 그리고 나'에 이어서 또한 바람의 시집이다.

유강의 특징을 한 마디로 나타내면 '바람'인데 그 또한 자신을 잘 파악하고 있나. 그의 시 여러 곳에서 자신의 삶을 바람에 비유하고 있는 것을 볼 수 있기 때문이다. 바람은 멈추면 바람이 아니다. 바람은 움직여야 비로소 바람인 것이다.

유강 선생 또한 집에만 있지 않고 부지런히 움직인다. 어제는 동쪽으로, 오늘은 서쪽으로, 생각 따라 발길 따라 다니면서, 사람도 만나고 자연도 만나고, 오일장 시장에서 민심과 풍물을 살피며 명산 사찰도 찾아든다.

이러한 자연과 사람들과의 만남에서 시상이 떠오르는가 보다. 그의 시의 제재를 보면 자연, 고향, 조상, 사찰 등을 노래하며, 유년 시절의 골목 친구들을 불러낸다.

우리는 재현중학교에서 초보 교사로 의기투합하여 교지를 만들었고, 이내 몇 년 안 되어 유강은 보성고등학교로 전근을 갔고, 나는 퇴직한 후 강원대, 한남대, 중앙대 등에서 강사 생활을 2년 동안 전전했다. 그 후, 나는 멀리 제주대학교 국어교육과에서 전임강사를 시작으로 낯선 제주에서의 생활을 시작하였다.

우리는 각자 다른 데서 삶을 도모하였고, 자주 만나기가 힘들었지만 마음으로는 서로 교류하며, 1년에 한 번 정도는 만나서 인생사, 세상사를 토로했다.

내가 서울에 오면 전화하여 만나곤 했는데, 유강이 쉰 몇 살이 되니 시작詩作 공부를 한단다. 그 말을 듣는 순간 새롭기도 했지만 방향을 제대로 잡았다고 생각했다.

인생은 나이가 들어감에 따라 허무해지고 회의감이 들기 마련이다. 그러므로 시라는 장르를 통하여 사람의 감정과 사상을 표현하는 것은 인생길에서 중차대하다.

예로부터 중국에는 '시경'이 있고, 성경에는 '시편'이 있으며, 동서고금 수많은 사람들이 시를 통하여 억제할 수 없는 느낌과 생각을 분출했다.

그러나 시는 아무나 쓸 수는 없다. 시는 예술이다. 예술은 노력만으로 되는 것이 아니고 재주가 있어야 한다. 즉 타고난다는 뜻이다. 유강도 잠재해 있던 시심詩心이 폭발하여 일취월장日就月將, 세 번째 시집에 이른 것이다. 축하할 일이고 대단한 업적이다.

인간에게는 다른 동물에는 없는 사고思考와 언어를 신이 주어서, 말소리가 여기저기서 난무하지만, 이것을 제대로 글로 쓰기는 쉽지 않고, 더구나 절제된 언어와 운율이 특징인 시로 나타내기는 어려운 일이다.

우리는 이제 일흔 나잇줄에 접어들었다. 일흔 살을 혹자는 고희古稀라고 하고 종심從心이라고도 한다. '고희'는 두보杜甫 시대나 우리들 할아버지 시대에는 맞을지언정, 지금은 맞지 않고, 차라리 '종심'이라는 말을 나는 좋아한다. 공자가 말한 바, 하고 싶은 대로 했지만 법도에 어긋나지 않으니(從心所欲 不踰矩), 얼마나 좋은 나이인가?

우리 종심들은 세상을 관조하며 삽시다.

유강 선생, 제3 시집 간행을 거듭 축하하며, 계속 바람을 일으켜 세상을 살 맛 나게 하세요.

2021. 10. 11.

제주대학교 국어교육과 명예교수
김태곤(金泰琨)

차 례

Contents

제 2 부
그때, 그날을 위해

차 례

제 3 부
두물머리에서

Contents

제 4 부
추억 어린, 그 포구(浦口)에 앉아

차 례

제 5 부 〈時調編〉 비움의 미학(美學)

Contents

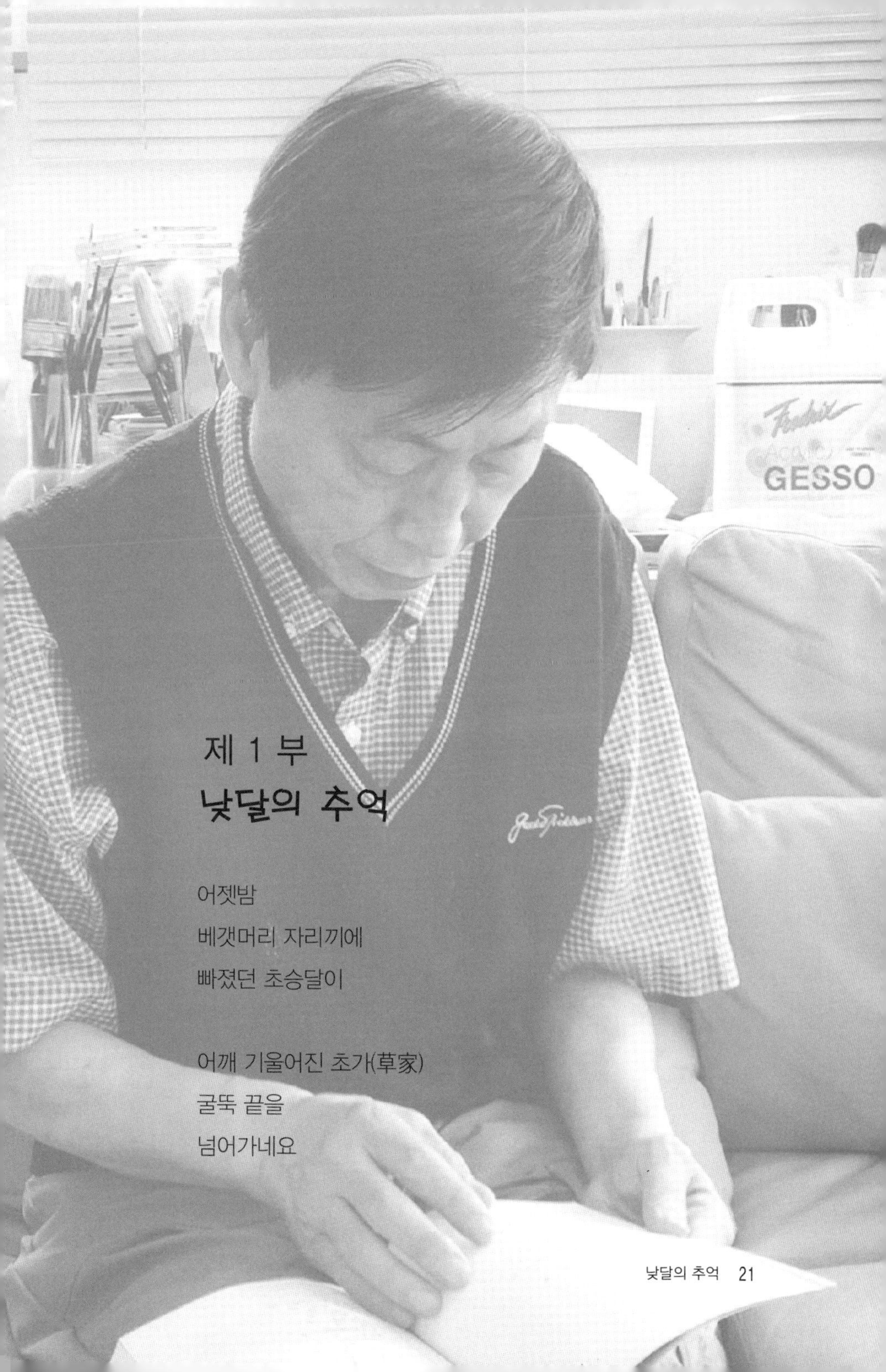

제 1 부
낮달의 추억

어젯밤
베갯머리 자리끼에
빠졌던 초승달이

어깨 기울어진 초가(草家)
굴뚝 끝을
넘어가네요

고향故鄕생각

아직도
내 엄니 경대鏡臺 속에 숨어
노오랗게 싹이 트는
꿈이었네

목이 꺾이도록
높다란 하늘
시오리十五里 길, 탱자꽃 피던
외갓집 가던 길

사금파리 눈부시게 빛나던
고샅길엔
아직도 그 때 그 아이들
감꽃 엮어 목에 걸고
와르르 온 동네방네
들쳐 메고 놀던가

아 !
늘 가슴 한 복판에
꼭꼭 숨겨두고
남 몰래 펼쳐 보던
내 아름다운 꿈
내 엄니 경대鏡臺 속에
숨어사는 고향故鄕 꿈이었네.

어머니의 초상肖像

내 생전生前의 발걸음
살박잘박 적시던
어머니의 눈물은
내 건널 수 없는
강이 되었네

물기 어린 노을
산골 마을 촉촉이 물들이면
사립문 살짝 열어 놓고 기다리는
어머니의 가슴이었네

아, 그리하여

나의 한숨은
아직도
물 만 밥 한 그릇 앞에 놓고서도
가슴 메이시던 어머니의
간절한 소원이었네

나의 눈물은
지금도
물레새 울음 끝에
애긋게 매달려 보는
어머니의 노래였네.

다향茶香에 젖는

六月의 푸르른 산야山野
자박자박 건너오는
너의 발자국 소리

방금
처마 밑
풍경風磬을 흔드는
너의 노래였네

어느덧
내 안에
꽃 한 송이 심어 놓은
너의 손길

어젯밤 꿈에
다산茶山이
목민심서牧民心書 한 권
내게 전해 주네.

사방등四方燈

고향집
추녀 밑에 걸어 놓은
유리도 깨어지고
호롱도 없는
해 묵은 사방등四方燈 속에
세 들어 온 지빠귀

부리로 쪼아
가슴 깃털
죄다 뽑아 지어 놓은
보금자리 한여름

노랑 부리 딱 벌리고
날개 죽지 꺾이도록
펄럭이며 보채이던
어린 새끼 세 마리

제법 날개 퍼득이며
금방 날아갈 듯 하더니만
오늘 아침 일어나 보니

아, 어쩔거나
빈 둥지에 온기 한 줌
남겨 놓지 않고
날아가 버린
빈 둥지

쓸모 없어진
낡은 사방등四方燈도
제 구실하더구나

올 여름 내내
새 식구 길러 낸
보금자리
제 구실하더구나.

시간時間의 뒤안길에서

음력陰曆 삼월 초사흘
날 선 새벽이었다

내 상념想念의 조각배는
날마다날마다 떠나고

태고太古의 시간 속을
거슬러 오른 시원지始原地에서

어느 깊고 깊은 산골
물방앗간 휘돌아

이끼 낀 돌다리 아랠
파랗게 자맥질하며 지나

오색五色 등불 현란眩亂한
도시의 창문 아래
탕아蕩兒처럼 떠돌다가

아, 이젠
낯 선 세월 앞에

꿈도 베이고
상념想念도 무너져

꽃 진 자리마다
한 마리 가시나무새로 환생還生하나니

이 몸 쓰러져도
끝내 풀리지 않는 꿈

지금은 끝없이 유랑流浪의 길 떠나는
새벽 포구浦口에 닿아

차가운 바람을 맞서고 있나니.

고향은 삽화揷畵 속에 숨어 있어

가슴까지
차오르던

가을 밤
깊어갈수록

뒤뜰
툇마루에 걸터앉아

귀에 익은
명심보감明心寶鑑

도란도란
읽어 내리던 서상방西上房

새끼줄
사그락사그락

꼬이고
꼬였다가도

실타래처럼
슬슬 잘도 풀리던

내 고향
옛 얘기

나 시방
아슴푸레 듣고 있네요.

낮달의 추억追憶

어젯밤
베갯머리 자리끼에
빠졌던 초승달이

어깨 기울어진 초가草家
굴뚝 끝을
넘어 가네요

나는 오늘도
불면不眠의 강 중허리께쯤
건너가는 나의 생각

애써 닻줄 풀 곳 없어
자꾸 흘러만 가고

돌아보면 볼수록
내 기억의 뒤안길로
멀어져 가는 얼굴

아, 오늘쯤일까
내일쯤일까

나루터
뱃전을 헤살거리는
물결 소리에 젖어 가네.

차茶에 대한 소고小考

– 禪詩 –

청산青山은
내 눈을 밝게 하고

유수流水는
내 귀를 정갈케 한다던데

아,
도랑 하나 건너

날마다 길을 잃고 헤매는
이내 마음

다스릴 길을
하늘에 물었더니

길은 어디에나 있고
어디에도 없다 하시며

드나드는 문은
하나이니

두레박 철철 넘치게
퍼 올리고 피 올려노

마르지 않는 샘 하나
내 안에 파 놓고

백비청빈白沸清貧으로 다스려
그 문으로
나오라 하더이다.

여 승 女僧

이슬비 내리는
이른 아침에

지우산紙雨傘 받쳐 들고
산문山門을 나서는데

아, 수정水晶 같은 이마
고깔로 가리운 채

왼 손에는 연꽃
오른 손에는 보주寶珠 들고

이슬비 내리는
이른 아침에

굽이 높고 높은
나막신 신고

산비둘기 울음 젖은
푸른 연못 속을

누가 잠방 잠방
징검돌 놓아가며
사바娑婆를 건너가시나.

조각보褓에 담긴 이야기

오순도순 모여 앉아
무슨 얘기 저리도 곱게 엮는가

알록달록 끼고 앉아
뉘 집 새댁 흉을 보는가

자작자작 붙어 앉아
뉘 집 댁 정분情分 난 얘기 저리 깊은가

다독다독 다독이며
온 동네방네 숨은 얘기
귀엣말로 오가는구나

아, 한 쪽 두 쪽
조각 난 인생살이
저리 잇고 꿰매가다 보면

한 땀 두 땀
끊어진 인연因緣도 꿰매다 보면
멀어진 사연事緣도 곱게 이어지리니

이 사람 보게나

저 빈 하이얀 사계四界
밤하늘의 별처럼 누벼
성근 세상 깁는 일이 저러할 께다

빈 가슴 가득 채운
조선朝鮮의 여인, 그
빈자貧者의 노랫말이 저러할 께다.

대 금大笒

보시게나
누구의 지소志操가

사시四時사철
저렇듯 푸르고 곧은
고절지개高節志槪로 다듬은 이
누구였을까

한 생生을 마디마디
저렇듯 옳고 바르게
매듭짓고 사는 삼절三絕은
어디서 온 것이었을까

비우고 비워
저렇듯 맑고 기품氣稟 있는
한恨을 율려律呂로 풀어내는 이
누구의 가슴이었을까

한 평생平生 갈고 닦아
저렇듯 높은 지격志格을
통달通達한 13경十三經을 오직
풍률風律로 다스린 그이는
누구였을까

아,
나도야 이제
내 흉중胸中에
저렇듯 곧고 푸른
대나무 한 그루 심고 키워

이 몸 또한
대금大笒으로 다듬어 보았으면.

개심사開心寺에 아침이 오면

산이 높으면
달이 작아 뵌다 했던가

골물이 마르면
그제사
바위가 드러난다 했던가

아, 신라천년新羅千年
백제百濟의 꿈
잠을 깨운 이 아침

행자行者기 싸리 빗자루로
말끔히 쓸어 놓은 뜰에는

맑디맑은
새소리 바람소리 목탁木鐸소리

안개처럼 깔렸던
저 법성法聲

이내 마음 슬며시 열고
들어서는구나.

대은공大隱公 불굴가不屈歌에 부쳐

오늘
당신의 높으신
충절忠節 앞에서

저 푸르디푸른
높은 덕德
뜨거운 지조志操 앞에서

두 손을 모으고

나, 다시 한번
빛나는 당신의
단심애국丹心愛國에 머리 숙이고

직재강의直截剛毅한
당신의 불종유가不從遺歌

"아마도 / 님 외오 살라면 / 그ᄂᆞᆫ 그리 / 못ᄒᆞ리라."
엎드려 들으며

오늘도
포은圃隱과 쌍벽雙璧 이룬
당신의 깊은 忠烈 德目, 不事二君

靑史에 빛날 그 遺墨
내 안에 진한 먹물로
새겨 두렵니다.

* 大隱 公 : 본명 변안열, 고려말 충신, 시조 〈불굴가〉가 있음.

만 가 輓歌

꽃 치레 고운
족두리였네

연분홍 치맛자락
팔랑팔랑 나부끼며

칠정七井 겹줄 꽃배 타고
소쩍새 울음 따라

누가 저리 재촉해
미망迷妄의 강 건너가나

앞 내 따라
뒷산 넘어

저 나루에서 꽃배 타고
누가 저리 건너가나

동백꽃 붉다 하나
피보다 더 진하더냐

이 연緣 저 연緣
다 마다 히고

흙 내 풀 내 속 지나
낯설고 길 설다는

이승 밖에 어디
또 청산靑山 있어

저리 재촉해
길 떠나는가.

풍 등風燈

어젯밤
꿈이었나 보다

한 달 서른 날
청계천변淸溪川邊
무수한 지등紙燈

인왕산仁王山
날개 푸른 바람을 타고
훠이 훠이
미리내 쉬 건너가더니

아, 누가 오늘 밤
누흔淚痕을 남기고 떠난
길손을 위해

고향집 대문 앞에
한등寒燈 하나 내다 걸었겠지.

내 안에 피는 꽃, 바람꽃이여

바람인 줄
내가 뻔히 알면서
화조풍월花鳥風月 찾아
於焉 六十 年

그래도 여전히
나는 바람처럼
살고 싶다네

돛이야 바람 부는 대로
달아 놓고
바람 부는 대로
정처 없이 가고 싶다네

저 푸르디푸른
무욕無慾의 하늘을
낮달처럼 맨발로 건너가는

어쩌면 내 영혼은
눈부시게 희디흰
한 척 돛단배
불계지주不繫之舟여

예나 이제나
세상에 바람처럼 산다는 것
그처럼 허무한 일도 없다지만

세상에 바람처럼 산다는 것
그처럼 신명神明나는 일도 없다네

바람처럼
내 안에 피었다가
바람처럼
내 안에서 지고 마는 꽃

바람꽃아
내 영혼靈魂의 꽃아

그래 바람인 줄
내가 뻔히 알면서

내 안에서 피었다
내 안에서 지고 마는
허무虛無의 꽃아

내 영혼의 꽃을 찾아
바람처럼 살고 싶다네.

제 2 부
그때, 그날을 위해

친구여 오시게나
청보리 영그는
내 고향故鄕 땅, 장흥군 부산면 내안리

보리 누름에 우럭 맛 들기엔
아직 이르다 하지만
그래도 한 번 다녀가시게나

봄이 오는 길

개나리꽃 울 아래
졸고 있는 햇살
그 잔등에

새록새록 피어나는
내 사유思惟의 남새

아,
남촌南村은 온통
수채화 물감으로
아이들이 개칠해 놓은
그 자리에 주저앉아

나,
먼 고향
애기 도랑 버들강아지
방금 뽀얗게 분칠하고
일어서는
내 안의 춘몽春夢아.

봄 비

내 그리움의
초상肖像은
늘
가슴부터 적시네요

오늘도
내 귀에 속삭이던
그 말씀
어머니 같으시네요

아,
언제였던가
종일 툇마루에
걸터 앉아

먼 산
바라보며
외우고 외우던

내 안에 고여 있던
눈물이네요.

봄날에 강물은

내 유년幼年의 양지 바른
고샅길을 지나가면
뒤따라 나서는
정겨운 개울물 소리

이젠 내 가슴
황량荒凉한 벌판을 가로질러
꼭두새벽 산사山寺의 목어木魚 데리고
나를 따라 오네

잠 못 이루는 밤마다
내 영혼을 지근지근 씹으며
앞서거니 뒤서거니 따라오던 너는

길고 깊은 내 가슴
별들이 총총히 내려 쏟고

줄지어 풀꽃을 피우던
강가에 나룻배 한 척 일렁이고

세파에 찌든 내 영혼
헤살거리는 물결에 찰랑거리는
푸른 내 영혼을 싣고
바다로바다로 흘러가네.

내 고향故鄕, 그 봄날을 위하여

오월五月의 층계, 그 아래
몰래 누고 떠난 고향
어깨 다정한 소꿉 친구
아직 거기 있을까

달개비 지천으로 피는
논두렁 밭두렁
진종일 바람개비
몰고 다니던 내 고향

돌담 너머
눈치껏 넘어오는
넝쿨장미

그 아래
슬며시 주저앉아 버린
돌절구 속에
파란 하늘이 떠 가고

내 생애生涯 한 모서리
묻어두고 떠났는데
아직도 싹이 트는
그리움의 잔뿌리

나 언제나
차가운 새벽 바람 속에
머리에 인 방구리
샘물 찰랑이듯

내 꿈의 꼭지점에
푯말처럼 서 있는
내 고향아
그 봄날아.

감꽃 털리던 유월六月의 신화神話

전일리 외갓집 장광에
바지게로 쏟아 붓던 눈부신 햇살
그 곁에 할아버지 동갑네기
감나무 한 그루

밤마다 꿈마다
내 잠자리 헤집어 놓고
걸음걸이 걸이마다
덫이 되던 내 영혼靈魂의 뿌리여

아, 옥구슬 같은 감꽃
소쿠리에 가득 담아
바람소리 새소리 물소리
아우러져 샘골, 연못가에 앉아

순이는 실오라기에
감꽃 목걸이 걸고
분이는 짚홰기에 꿰어
입 안 가득 먹던 전설傳說

시방, 나
아슴푸레한 내 기억의 불씨
호호 입김으로 불어
노래로 엮고

고향을 잃어버린
길 나그네 발등 위에
한 마리 반딧불이 되기 바라노니

이젠
둥굴이 외다리
조심조심 건너
온 동네 가시내들 앞세우고
질장구 치며 춤추며 돌아가리라.

연 밥蓮實

다 새벽
저 목탁木鐸소리
조롱박으로 떠다가

자운영紫雲英 길 고운
내 고향 뒤뜰에
심어나 볼꺼나

다 새벽
탁발托鉢 떠나는 비구니比丘尼
발자국 자국마다
심어나 볼꺼나

다 새벽
울 엄니 개소반에
정화수井華水 떠다 놓고
빌고 빌던 자리에
심어나 볼꺼나

다 새벽
비단 무지개 꿈꾸는
내 님 이부자리 속에
묻어나 볼꺼나.

가을 여행

저문 강가에
쪽배로 떠나 보낸
나의 가을을 본다

길 나누어지던
나루터엔 언제부터인가
별이 되다만 눈물이
갈대숲에 서리로 맺히는데

아, 나의 이 스산한
가을 길 한가운데에서
무성한 옛 이야기
어디에다 묻어 두고

오늘 밤
갈대숲을 푸드득 날아오르는
새소리 바람소리
지우고 지우며

나는
애증愛憎의 업보業報 안고서
어디서 어디로 가는 것인가
어디쯤 흘러내리고 있는 것인가.

단풍丹楓 한 잎에도

선들바람 가슴에 안고
물소리 귀 시리도록
자욱한 한나절인데

한 줌 따뜻한
온기溫氣로 남고 싶은
저 말씀의 꽃
내가 듣고 싶네요

저 깊고 깊은
늪 속의 은방울 울리며
걸어 나온 비구니比丘尼

수덕사修德寺 기왓장 골골에
환청幻聽으로 흔들어 대는
당신의 말씀
내가 새겨듣고 싶네요

순명殉名의 날
곱게 곱게 단장하고
길 외로운 나그네
발길에 서리 내리면

이 가을 핏빛으로
써 내려가는 가을 일기
그 맨 마지막 장에
노을이 서럽게 드러눕네요.

억새의 노래

오늘은 이쯤에서
목청을 가다듬고 노래를 부르네

몸은 영혼靈魂을 담는
그릇이라 했는데

부는 바람에도 마구
흔들리는 내 영혼
남는 것은 노래뿐

불면 쓰러지듯 누웠다
다시 일어나서 부르는
내 영혼, 나의 노래는 바람

내 생애生涯에 남는 것이
하나도 없다한들
빈 그릇 속 같은 내 마음

비록 흔들려도 비워 놓고 가려하나니
비우며 살려 하나니

마침내 눈부시게 흔들리고
두런두런 길을 트는
바람 소리에 이 몸
이 생生을 다 풀어 놓고 가려 하노라.

나의 시월十月은

올해도
이 골목
저 뒤안

천시 분간 못 하고 헤매다
말짱 탕진해 버린
가을 문턱

빈손 들고
빈 들에 서 있는 기분
알만하구나.

가을비 내리는 밤에

너는
초작초작

오동잎에 떨어지는
빗방울 소리

내 귓등을
타고 흘러

심장
맨 낮은 곳에

한 방울 한 방울
눈물로 고이더라

눈물은 금시
호수가 되고

내가
호수가 되면

아, 너는
무엇이 되어

이 깊은
수렁 같은 밤을 건너

내게로
오마 하겠는가

나
네게로 가마 하겠는가.

내 고향 갈대숲에는

누가 저기 숨어 있어
저리 바람을 불러 모아
내 고향 집 들머리를
맴돌고 있는 건가

누가 무심히 짓는 한숨이
저리 강물을 여울지게
흘려보내고 있는 건가

방금
내 심장 한가운데서
등 푸른 기러기 한 쌍
푸드득 날아올라
내 사색의 만행萬行 길
더듬어 날고

키보다 높이 자란
갈대숲
길 나그네 서러운
나루터에는 빈 배
혼자 일렁이고

멀리 낮닭 우는 소리
귓등에 메고
찾아드는 나의 고향

날마다
내 안의 세월 불러
흰 손수건 흔들며
작별을 연습한다.

만 추晩秋

감나무 아래
두 말 석 되쯤
쏟아 놓은 햇볕 말려 놓고

한여름 내 더위와
소통하던 문구멍 막아
문풍지 달아 놓고

텃밭에 심어 놓은
무 배추 뽑아다
김장 서너 독 담아 놓고

고목나무 아래
삭정이 주워와
군불 아궁이에
장작불 지펴 놓고

따뜻한 아랫목에 누워
목침 높이 베고
길고 긴 가을 밤

할아버지 그 할아버지
쌈지 주머니 속에
몰래 감추어 두었던 옛 이야기

슬며시 풀어 놓으면
이 가을 밤
다듬이 소리 풀벌레 소리

밤새 스멀스멀
온 방을 기어다니는
당신의 이야기로
꿈을 꾸렵니다.

나의 꿈 무지개는

산 넘어 강 건너
일곱 색깔 꿈으로 엮은
그 건너에는

비단 한 필 길게 풀어
눈부시게 빛나는
내 고향 가는 길

밤마다
꿈길로만 찾아드는
내 유년幼年의 뜰 안에는
감꽃 무진 털리고

별빛 반 달빛 반
꽃 굴레에 수놓은
내 유년幼年으로 돌아가는 길
비단길이었어.

내 유년幼年의 꿈

바로
나였네

천관산天冠山
산마루에
뜬구름처럼

아,
무언가
금방
될 성 싶다 말고

금시
또
될 성 부르다마는
것

그게
바로
내 꿈이었네.

그때, 그날을 위해

친구여 오시게나
청보리 영그는
내 고향故鄕 땅, 장흥군 부산면 내안리

보리 누름에 우럭 맛 들기엔
아직 이르다 하지만
그래도 한 번 다녀가시게나

해마다
달개비꽃 지천至賤으로 피더
내川를 건너가면

다 저녁
집집이 촛불 켜면
전생前生이 별이었을
내 고향

푸르디푸르러
한 편
서사시敍事詩였고

아, 청보리 눈에 넘쳐
가슴은 하늘에 닿아
바다로 떠나던
내 사색思索의 만선滿船

파아란 하늘엔
종달새 높이 날고
우리들 청운靑雲의 꿈

푸르게 피어나던
청보리 무르익는
내 고향 땅, 장흥군 부산면 내안리

나는 밤마다 꿈마다
고향으로 돌아가
청보리 사잇길을 걸어봅니다.

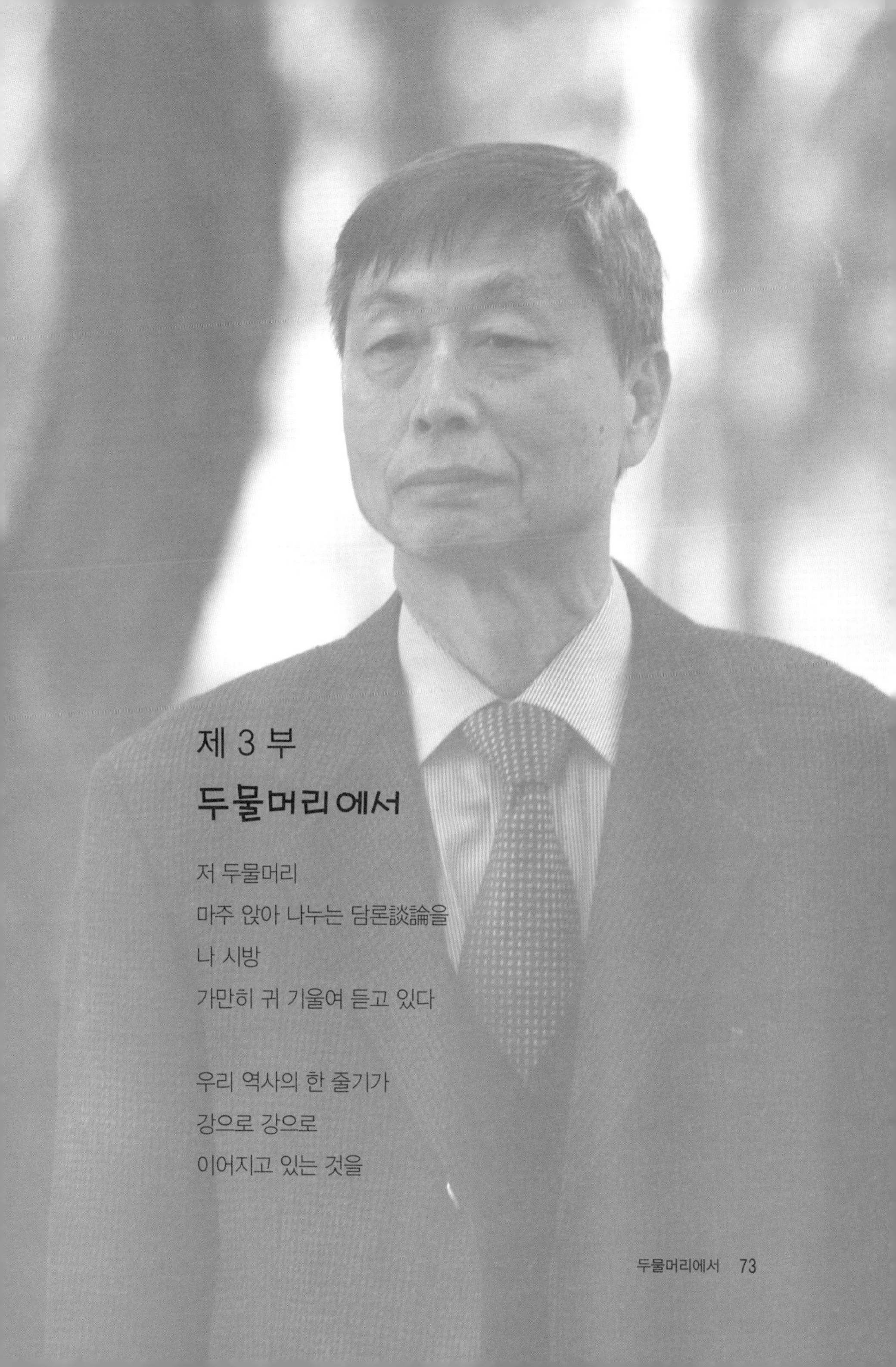

제 3 부

두물머리에서

저 두물머리
마주 앉아 나누는 담론談論을
나 시방
가만히 귀 기울여 듣고 있다

우리 역사의 한 줄기가
강으로 강으로
이어지고 있는 것을

단양丹陽 고수대교에 서서

흘러가면 그뿐
돌아 올 줄 모르는
세월조차 성근
가로 놓인 다리인데

나의 젊은 날
한여름은 어디쯤
흘러갔을까

소백산小白山 무릎 아래
허리 굽혀 자리 잡은
옛 단양은 간 곳 없고

양방산 시퍼런 산 그림자
잠심潛心하는
아, 호반의 사람들

강물이사
흘러가면 그 뿐
자취 없이 떠나 버리는
너를 두고

허무를 들여다보는
거울이라고 할까
불현듯 피었다 지고 마는
소백산小白山 철쭉꽃이라 할까.

그리움

산자락에 깔아 놓았던
융단 같은 저녁 노을은

엿장수 가위 소리
온 동네 얼기설기
엮어 놓았던

매미 울음 소리 함께
걷어가 버리면

왕거미 한 마리
집을 짓던 처마 밑에
사방등四方燈 내다 걸어 놓았어도

아,
오늘은 유난히
어둡기만 하여라.

추억追憶, 그 속에 아직도 숨어 사는 얼굴

주머니 속에
꼭 쥐고 있던 내 나이
겨우 스무 살

지금은
누렇게 바래버린
내 기억 속에 아직도
숨어사는 고운 무지개

해묵은 과수원 능금나무 밭
탱자나무 울타리 돌아서면
포도 넝쿨타고 오른
양철지붕 아래

뱅그시 열린 창문
그 너머로 새어 나오던 불빛
네모난 창틀 속의 사진처럼
환하게 웃고 있던 고운 무지개

텀-부-덩
싱그러운 두레박
떨어지는 소리에
금시 자지러지던 웃음소리

커다란 눈망울 속에
파란 하늘이 저절로 열리던
단발머리 무지개 빛 추억이여

아, 나는
그 생각만으로도
내 나이 스무 살은

그땐 참 행복했었단다.

길 나그네

그믐
칠야漆夜

부엉이 울음
글썽이 고인
박우물 속을
물끄러미 들여다보다

쪽나무
으스스 떠는
숲을 지나

또박또박
지팡이 짚고
재촉하던 발걸음

발목 시린 여울목
짚신 벗어들고
조심스레 건너가는

달 나그네.

사랑하는 손녀, 첫돌을 맞이하여

별일 꺼야
별이었을 꺼야
너는 별이었을 꺼야

초저녁 하늘에
제일 먼저 빛나는
별이었을 꺼야

엄마 가슴엔
우물을 파 놓고
아빠 마음엔
탑塔을 쌓고

할머니 할아버지
그리고 네가 사랑 받고
사랑하는 네 이웃들의 가슴엔
돌다리를 놓아

날마다 날마다
빛나는 희망의 별이
되어야 할 꺼야
내 사랑 손녀야

그래 오늘은 참 기쁜 날
엊그제 할아버지가 다녀온

청량산淸凉山
새소리 바람소리
맑은 시냇물 소리

청죽靑竹 바구니에 듬뿍 담아
너의 첫돌 상床 머리에
놓아 둔다

부디
푸르고
맑고
밝게
무럭무럭 자라거라.

오늘도 그리움에

내 사랑 내 고향
별빛도 꽃잎도
흥건히 고인 장독 속
그 깊은 고요를 퍼 올려

내 근심어린 젊은 날
띠살문 살며시 열고
사랑도 그리움도
한 통속 병이라
일러주던 물레새 한 마리 보셨나요

이젠 꿈에도 생시에도
소식 없는 내 님 찾아

나는야 나는야
시월十月 휘영청 달 밝아
내 영혼의 뿌리까지
흔들어 놓던 바람이 되어

억새 숲을 떠도는
서러운 목숨이었나니

나는야 나는야
구만리九萬里 돌고 돌아
나도 가고
너도 가고 나면

하얗게 비워 놓은
하늘 끝자리
맨손 맨발 맨몸으로
주저앉아

한생을 울고 울던
한 마리 울음쇠였나니.

그믐달

당신은 어쩜
내 아슴푸레한 기억記憶의 상류上流
거슬러 오르다 보면

백제百濟 적
어느 전생前生이었던가
청동靑銅거울 속에 숨어살던

그 푸르디푸른
구만리 창천九萬里 蒼天을
끝내 안주安住하지 못 하고

한사코
내 뒤를 밟으며 떠돌던
단발머리에 도랑치마 입은
그 少女

아, 오늘 밤
소나무 우듬지에 걸터앉아
휘파람새 한 마리
밤늦도록 울게 하는가.

구미(龜尾)마을에서 법성(法聲)을 듣다

분분紛紛이 내리던 눈발이
길을 감추는 초겨울

길가에 세워 놓은 시인마을 팻말이 아니면
금방 묻혀 버릴 것 같은 골짜기에

아마, 월악산 갈까마귀 떼 지어 날아올라
이승과 저승, 그 틈바구니쯤에서
낡은 집 한 채 잽싸게 물고 올라

단양군 단성면 외중방리 구미마을
골짜구니에
냅다 동당이 치고 날아가 버린 듯 한 집 한 채

그나마 대문 옆에는 산죽山竹 잎 제법 푸르지만
아귀는 뒤틀려 납작해진 지붕에다
금시 허물어져 버릴 것 같은 누옥陋屋이 바로
당신이 세상의 중심이라고
주장하는 고강재古矼齋이다

비록 누옥陋屋이지만, 백수白叟의 몸뚱이
두 발 쭉 뻗고 그루잠 청請할 수 있어
좋다 하시고

머리맡에 쌓아둔 책은 문틈으로
새어 들어오는 바람을 막아 주어 좋고
발치에는 늘 털북숭이 강아지 한 마리
제 꿈을 베고 곤히 잠들고

앉은뱅이 책상에는 문방사우文房四友
아직은 쓸 만 하다 하시면서

별빛 말斗로 쏟아 붓는 뜰에
맨발로 나서면

"땡그렁"
처마 밑에 달아 놓은
풍경風磬이 금비늘 털어내며
하시는 법성法聲

"툇마루에 걸터앉아
귀동냥하고 있다" 하시더라.

모 경暮景

토방土房 아래
내 누님 같은
연붉은 모과木瓜 꽃
필 무렵이면

아, 달구지 느릿느릿
건너오는 긴 농로農路에는
달개비 꽃 지천至賤으로 피고

물꼬 따라 들어 온
논에는 저녁 수묵화水墨畵-山水畵 한 폭
고스란히 노을에 물들면

나는야 저 커다란
수경水鏡 속에 잠긴 세월을 건너
내 유년의 추억 속을
한 없이 유영遊泳하며

다 저녁
내 기억 속에
아직도 불타는 노을 속
풍경風景을 지나

방금
풀피리 불던
그 때 그 소년
경운기 뒤에 타고
돌아오고 있다.

묵마인墨磨人

마음으로
먹을 가는 가슴에는
향기香氣 그윽한
난蘭 한 촉 피는 것을
보게 되구요

먹을 가슴으로
다스리는 마음에는
새소리 바람소리 어우러진
청죽靑竹 한 그루 자라는 것을
보게 된답니다

난과 청죽이 자라는
나의 서가書架에는
해종일 묵향墨香으로 잠겨 있답니다.

다실유감茶室有感

– 카프카의 변신을 위하여 –

도연명陶淵明의 도화원기桃花源記에서는
어부漁父가 산 속에서
무릉도원武陵桃源을 찾았다 했는데

나는
초겨울 오늘
동숭동 골목길을
바지 주머니에 두 손 찔러 넣고
어슬렁거리며

노오란 은행잎 어깨 너머로
우수수 무너지는
바깥세상을 바라보고 있다

커다란 유리 어항魚缸 속 같이
속이 훤히 들여다보이는 다실茶室에 들어 앉아
식어가는 찻잔의 온도가 아쉬운 듯이
두 손으로 감싸고 있는 이들에게로 가
한 마리 금붕어로 변신變身하기로 했다

가파른 계단을 올라
유리문을 밀고 들어서자
실내온도와 잘 어울리는 다향茶香에 젖어들며
나 또한 바깥세상이 잘 내려다보이는
유리창 벽 가까이에 자리를 잡고 앉아

금방이라도 공중부양空中浮揚이라도 할 듯
조금 전 까지만 해도 올려다보던
바깥세상에서 이젠
어항 속의 금붕어가 되어 내려다보고 있었다

잔잔히 숨을 죽이듯 감싸 도는
사라사테의
"지고 이네르 바이젠" 중에서
"짚시의 달" 속으로 빨려 들어가면서

오늘도 내일도
또 다른 금붕어로 변신하고 길들여지는 것이
아닐까 생각해 보며

사라사테의
끝 없는 유랑벽流浪癖을 따라

오늘도 금붕어 한 마리로 변신하고 있었다.

노동동굴蘆洞洞窟

주절
주절

몇 겁劫을
구두삼매口頭三昧로
뚫어 놓은
저 가수假睡의 터널 지나

밤과 낮을 갈마들며
내 의식의 밑바닥을 흐르는
무명루無明漏 건너

적멸궁寂滅宮
눈부신 돌층계를 올라
꽃살문 살며시 열고
들어서면

행여
열반涅槃으로 통하는
샛문 있으렷다.

외로운 별 하나, 윤동주

1. 밤하늘의 별

"오늘 밤에도 별들이 바람에 스치우고
우러러 한 점 부끄럼 없이" 바라보며 별을 노래하던
만 스무 네 살 1개월
젊디젊은 시인은 이제 별이 되어
"한 번도 손들어 보지 못 한 나를
한 번도 손들어 표할
하늘도 없는 나" 라고 외치며
시를 쓰던 시인이 바라보던 밤하늘,
그 때 그 별을
시방 나도 바라보며 이 글을 쓰고 있다

"시인이란 슬픈 천명天命인 줄 알면서도,
흰 수건이 검은 머리를 두르고
흰 고무신이 거친 발에 걸리우고
흰 저고리 치마가 슬픈 몸집을 가리고
흰 띠가 가는 허리를 질끈 동이고 사는
슬픈 족속"임을 괴로워하면서

한 줄 시를 써 놓고
시가 이렇게 쉽게 씌여지는 것을
부끄러워했던 시인은
"내가 사는 것은 다만, 잃은 것을 찾는 까닭" 이라고

고백하고,
"밤마다 수 많은 별빛이 쏟아져 내린
언덕 위에 이름 석 자를 써 보고
흙으로 덮어버린" 시인은
부끄러운 고백을 스스로 한다
그 별의 주인인 윤동주는
끝없이 펼쳐진 가을 속 푸른 별들을
끝내 못 다 헤아리고
짧디짧은 생애를 후쿠오카 형무소에서 마감했다

이마 위에 저 푸르디푸른 하늘에
스스로 부끄러운 별이 되고 말았지 않았던가

행여 누가 밤하늘의 별이
저토록 눈부시게 빛나는 까닭을 내게 묻는다면
'오늘밤에도 누군가 애끗게
우러러 별을 바라보는 사람의
간절한 원願이 있기 때문' 이라고 대답하고 싶다
진정 우러러 한 점 부끄럼 없이 바라보는
사람에게만 보이는 별이라 하고 싶다

고개를 들어 이마 위의 하늘을 우러러
바라보지 않는 사람에게는
밤하늘의 별이 보일 까닭이 없지 않는가

우러러 한 점 부끄럼 없이 살고져 하는
사람에게만 보이는 별이다

밤마다 애끗게 별을 헤아리며
별을 노래하던 시인
"별 하나에 추억과 사랑과 이별,
그리고 쓸쓸함과 동경과
시와 고향과 어머니"를 그리워하면서,
별 하나에 아름다운 말 한 마디씩 붙여 불러보며
간절히 소망을 빌던 그 시인을,
별들 하나하나를 가슴으로 더듬어 가면서,
먼저 시인이 추억 속에서 만나 본나

2. 그리운 얼굴

시인은
"손목을 잡으면 다 어진 사람들"이라며 함께 했고,
소학교 때 책상을 같이 했던 아이들의 이름을 그리워했으며,
외딴집에 개가 짖고 휘양찬 달이
문살에 흐르는 고향의 밤을 아쉬워 했다

또한 가슴을 타고 흐르는 사랑을
애끗게도 이렇게 표현하고 있다

"하늘을 들여다 보려면
눈썹에 파란 물감이 들고
손금에는 맑은 강물이 흐르고,

그 강물 속에는 아름다운
순이의 얼굴이 어린다." 는 고백과

"평생 외롭던 아버지의 운명殞命 앞에서
감기우는 눈에 슬픔이 어린다."고 토로한다

3. 참회와 십자가

참회의 시에서는
"파란 녹이 낀 구리거울 속에
내 얼굴이 남아 있는 것은
어느 왕조의 유물이어서 이다지도 욕될까."
하면서 한탄과 쓸쓸함을,

그리고
"괴로운 사람아 괴로운 사람아
옷자락 물결 속에서도
가슴 속 깊이 돌돌 샘물이 흘러
이 밤을 더불어 말할 이 없도다." 했던 시인

"모가지를 드리우고
꽃처럼 피어나는 피를
어두워 가는 하늘 밑에 조용히 흘리겠습니다." 하면서
스스로 운명을 예감한 듯 십자가에서 단호하게 외치고 있다

4. 망향과 그리운 어머니

"헌신짝이 지팡이 끝에 모가지를 매달아
늘어지는 고향"이라고 쓰던 망향이었지만
한없는 애증으로 그리워했던 고향이었으며,
추억 속에 고향집 마당 한가운데 멍석을 펴 놓고
목침 베개 베고, 금방이라도 쏟아져 내릴 것 같은
밤하늘의 별들을 홑이불 찢어진 구멍 사이로 바라보던
그 때 그 별은 시인에게는
오직 실낙원失樂園의 별이었고, 그는 그 별을 사랑했다

한편으로는 "산골짜기 오막살이 낮은 굴뚝엔 살랑살랑 솟아나네
감자 굽는 내처럼 피어나는"
어머니의 사랑을 이렇게 간절히 그리워하고
"철비가 후줄근히 내리는 이 밤을
주먹이나 빨면서 새우리까?
어머니! 그 어진 손으로 이 울음을 달래어 주시오."
하며 애타게 어머니를 부르고 있다

5. 거리에 선 자화상

'자화상' 에서는
"만 스무 네 살 1개월"
젊디젊은 나이에 시인은
"밤마다 나의 거울을 손바닥으로 발바닥으로 닦으며"
괴로워하면서도 "다시 그 사나이가 미워서 돌아갑니다.
돌아가다 생각하니 그 사나이가 그리워
그리워진다." 고 또한 고백을 하고

'거리에서'는 "전등 밑을 헤엄치는
인어, 나, 달과 전등불에 비춰 한 몸이 두셋으로
그림자가 커졌다 작아지는 사나이"라고 한다

"육첩방은 남의 나라
창밖에 밤비가 속살거리는데
등불을 밝혀 어둠을 조금 밀어내고
시대처럼 올 아침을 기다리는
최후의 나" 라 했던
별의 시인,

5. 그대 이름은 '별'

낙원의 별이 되어 있는
윤동주시인의 별을
나는 오늘밤에도
아파트 베란다 창문을 열고
바라보고 있다

그 별 속에 숨어 살아 있는 시인
나는 그대 이름을 '별' 이라고 부르리다
윤동주 시인을 나는 사랑한다.

두물머리에서

– 禪茶一如 –

낮달은 시방
운길산에 걸려 있고

즈믄 해 지켜 온 수종사水鐘寺
의연한데

바람도 숨을 죽인
강변에 서서

시퍼런 저 두물머리
마주 앉아 나누는 담론談論을
나 시방
가만히 귀 기우려 듣고 있다

초의선사草衣禪師의 깊고도 자비로운
다향茶香의 함의含意를 일러
선다일여禪茶一如라 하지 않았던가

하여, 금강산에서 발원하여
거친 북한강 물줄기처럼 흐르던
추사秋史의 필체며, 맥脈으로 이은 강줄기
그 아니 높지 아니한가

태백산 검룡소에서 발원하여
굽이굽이 남한강 긴 숨결 이은
다산茶山의 깊고 넓은 문향文香이
초의의 다향茶香으로

두 江은 한 脈으로 이어
오백 년 역사를 자랑스레
이어오지 않았던가

아, 거대한 두 역사의 맥이
두 강 머리 마주하며
한강으로 흘러들어

이젠
우리 민족의 숨결이요
맥박脈搏으로 뛰어 흐르나니

기억하라 자랑스러워 하라

우리 역사의 한 줄기가
강으로 강으로
이어지고 있는 것을.

님이 가시던 날

칠정七井 겹줄
하이얀 무명베
상여꾼 어깨 너머
그 낮달이시던가

휘파람새
해종일 울어대던
뒷산 마루에
뜨던 낮달이시던가

사립문 틈새에
흰 종이 봉투 한 장 남기고
썰물 끝에 밀려간
조각배였던가

그래 그래
짧고 짧은 인연因緣
매몰차게 자르고

상흔傷痕 위에
새살처럼 돋아난
아픔이었네.

황혼黃昏에 서 있네

나는 아직도
내 지난 날의 돌담 길
맨 끝 감나무 아래에서
그땐, 그 눈부신 햇살로
몰매를 받고 있었네

나이 들면서
이젠 날마다 꾸는 꿈도
어쩌면 흑백 영화 필름처럼
탈색되어 버리는 것일까

그래, 오늘도
갈잎 심란하게
서걱거리는 강가에
해종일 앉아 있었더니

어라, 어느새
내 상념의 잔등에
철새 한 마리
무심히 둥지를 틀고 있었네

산이 높을수록
골이 깊듯
점차 멀어져 가는
내 시간과 공간의 간격

그 사이에
늦가을 밤하늘에
쏟아져 내리는 별동별

아,
날마다 꿈마다
꿈의 가장자리에

꽂히던 별자리에
꽃 한 송이 피었으면…….

제 4 부

추억 어린, 그 포구에 앉아

은빛 파도소리
그 찬란한 환청幻聽에
행복해지고 싶어라

청동靑銅 빛 푸른 바다
만조滿潮되어 출렁이고 싶어라

나의 바다는

서녘 하늘 놀에 열린 뱃길
갯 비린내 물씬 안고
아버지는 바다를 만난다

풍랑風浪에 씻겨
파도에 길들여져
어깨가 넓은 아버지의 바다엔
서러움이 반
그 반은 눈물이 퍼렇게 멍들어 있었다

저 푸릇한 바위와 바위 사이에
나 이제
가쁜 숨결로 다가오는
아버지의 호흡을 듣고 있으니

아, 나의 아버지는
바다였다가 바다였다가
그 바다를 내게 남겨준
바다 유산을 안고 사는
나도 바다가 되어간다

날마다날마다.

연잎에 이는 바람아

저
얼굴과
얼굴이 어울린
윤무輪舞 속을
맨발로 지나 보라

방금
실바람 사알짝
불면,
풀어 헤치면

자지러지듯 구르는
해맑은 웃음소리
듣게 되나니

나 언제부터
내 안에 없던
이슬로 고여

바람으로 구르는
연민의 종소리여.

비가 되어 내리는 나의 노래여

나 오늘
이 한 몸
저 푸르른 옥토沃土에 묻어
꽃을 보려 하니

빗물 고인
빈 항아리 속에 떠 있는
달빛에 젖은 꽃이
어지럽구나

無에서 시작되어
無로 돌아가는
나의 목숨아

다 새벽까지
눈물로 씻어 내린
나의 시어詩語에는

방금
종을 울리며 바삐 지나가는
두부장수의 수레바퀴 윤회輪廻 속에서
눈부시게 부서지고 있구나.

섬(島)

내 가슴 속에
늘 떠 있는 생각 하나

너와 나의
가슴을 잇는 오작교烏鵲橋

묻어두고 살아 온
비밀 하나
혼자 되뇌이는 노랫소리는
파도가 되고

날마다
날마다
나 너에게로 향하는
길목에 서서

노랫말 씻기우고
그리움에 밀려

오늘도
내 안에서 꽃으로 피어나
너와 만나는
오작교烏鵲橋.

달아 달아, 초승달아

너는 밤마다
내 안에서 자라
내 안에서 피다 지는
그리움인가 보다

하루 이틀
사흘 나흘
그리

제 몸을
스스로 키워 내는
사랑인가 싶다

때론
제 몸을
스스로 베어 내는
칼날인가 보구나

아, 오늘 밤도
너는
내 안에 여인숙 하나
지어 놓고는

잠시 잠간
머물다 가는
나그네인가 보다.

무 심無心

– 남한강 기슭에서 –

낮달도
속눈썹 새는
한낮

잔 비늘
눈부시게 흐르며
내 청정심淸淨心을
흔들어 놓는
강기슭

방금
솔개 한 마리
긴 강둑을 따라

빙 빙
원圓을 그리며

그 아랜
내 깨우침이
잔잔히 흐르고 있었다.

백련화白蓮花 앞에서

어젯밤
내 명상冥想의
자투리였나 보다

일월등日月燈 밝혀 놓은
선계仙界인지
욕계欲界인지

죽비竹篦 소리
간간이 들리는 법당法堂

산기産氣 발그레한
꽃살문 열고

나비처럼 가벼운
버선발로 들어서

옥합玉盒 살며시 열고
피워 올리는 향香

아, 선정禪定의 꽃이었네
향香내였네
고개 숙인 비구니比丘尼의 합장合掌이었네.

내 사랑 지심도 동백꽃아

여수 오동도를 지나
남해를 끼고
거제도에 이르는

아, 남도南道
뱃길 300리
검푸른 물결 위에

방금
금빛 비늘을 털며
일어나는 장엄莊嚴한 아침 해는

한 점
선잠 깬
내 영혼의 고도孤島를
눈부시게 일으켜 세우나니

만남도
다홍빛 꽃자리

헤어짐도
선홍빛 꽃 진 자리라면

황홀한 비밀
침묵沈嘿으로 가부좌跏趺坐 튼

짝버선 같은
내 사랑아
내 그리움아

작별도 사랑인 양
사랑도 작별인 양

어제도 오늘도 내일도
내 사랑 내 그리움
천둥벌거숭이로 살라 하시는가

동백꽃 피고
동백꽃 지는 것은
한 나무 한 뿌리인 것을.

배꽃 편지

방금
빨간 오토바이를 타고 온
집배원 아저씨가

휭 하니
마을로 찾아들어
서너 통 안부를
전하고 돌아갔지만

서울 구로동
어디론가
직장 찾아 떠난

우리 동네
세침떼기 가시내들

경이 순이
숙이, 개네들

감감 무소식인데

아, 오늘은 어디선가
흰 나비 떼로 몰려와

배나무 가지마다
오월의 꽃, 화신花信
살며시 꽃망울 눈을 뜨는구나.

목 비木碑

산골짝 비탈에
달빛 한껏 머금은
푸르디푸른 나의 십자가

아,
이따금씩 들리는
포성砲聲은 나의 이명耳鳴

간간히 들리는
우리 외할메
해소 기침 소리

반 백 년 넘게
돌담 아래 장독대에
떠다 놓은 정화수井華水

밤마다 한 줄기
스치고 지나간 바람 속에

우– 우–
고라니 울음소리
산비둘기 울음소리
지키고 있습니다.

간월도看月島

석수汐水로
시달리는 갯벌은
지금 빈혈貧血을 앓고 있다

무릎까지 차오른
달빛 늪을 건너

철장鐵杖 두드리며
빈손의 자유를 설說하시다

청동 빛
거북이가 되어버린
당신의 초상肖像 앞에

오늘밤 달을 지키는
외로운 길 나그네
모닥불 피워 놓고

목선木船 한 척
기우뚱 쓰러져
만조滿潮를 기다리고 있다.

추억 어린, 그 포구浦口에 앉아

내 기억記憶의 잔등에서
부화孵化하던 물새 한 마리
시방 푸드득 날아오르고

파도에 쓸려
세월에 등 떠밀려
치맛끈마저 놓아버리고

아, 난
먼 순례巡禮의 길에서
방금 돌아와 있나니

여기
이순耳順의 내 삶
버릿줄 한 발 움켜쥐고

철썩
뱃전을 헤살거리는 파도소리에
귀 먹은 목선木船 한 척이 되어

이젠
내 영혼靈魂의 꿈
마구 어지럽히던
집어등集魚燈마저 꺼 버리고

오늘 밤만은
별빛 가득 채운
빈 배만으로

은빛 파도소리
그 찬란한 환청幻聽에
행복해지고 싶어라

청동靑銅 빛 푸른 바다
만조滿潮되어 출렁이고 싶어라.

아직도 내 기억의 강, 그 상류上流에는

어젯밤 꿈에
시조始祖새 한 마리 푸드득
내 이마 위로 날아오르고

짐승털옷에 돌도끼 메고
내 뒤를 밟던 사나이
뉘였을까

내 어느 전생前生
등고선等高線 어디쯤에서
돌도끼의 날 씻던 이
그는 뉘였을까

그래, 내 유년幼年의 강
하동河童들과 신명나게 자맥질하다
귀에 물이라도 들어갈라치면

햇볕 잘 달구어진
납작 차돌멩이 하나 주워
귀에 꼭 대고
외발로 깨끔 뛰면

아, 금방

심연深淵의 그 먹먹한 침묵沈黙 속에서
감쪽 같이 빠져나오던
그 돌멩이 하나

나 지금
가만히 귀를 대고
한 손 뻗으면 금방
닿을 수 있는 그 태고太古의
고요 속에 다시 찾아 들어가

짐승털옷에 돌도끼 메고
내 뒤를 밟던 그 사나이를
오늘은
내가 그 뒤를 밟고 있다.

뻐꾸기의 노래

청보리 한창 물들 때라

오뉴월五六月 장날마다
떠돌이 고약장수 장구소리
재를 따라 넘어오던
너의 노래였지

칠팔월七八月 장마 다 지나고
순지리 뜰 새벽 별
마구 쏟아져 내리던
인적人跡 끊인 약수터에서
쉰 목 적시던 너의 노래였지

구시월九十月 다 가도록
허탕지거리 보내던 세월
서천西天을 물들이던
서글픈 너의 노래였었는데

아, 지금쯤

내 고향 뒷산
중허리께 마냥 앉아
울다울다 떠난 자리
바람으로 채울 꺼나
한숨으로 채울 꺼나

한 생生을
바람 한숨 머물
집 한 채 못 지은
역마살 너의 노래

너는 지금쯤 어느 하늘 아래
동지섣달 긴긴 밤을
노름판 뒷전에 앉아
개평이나 뜯고 있느냐.

원도願道의 꽃, 달맞이꽃이여

오늘도
내 기억記憶보다 더 먼
내 어느 전생前生

청풍명월淸風明月의 땅
할아버지, 그 할아버지
화초담花草墻 너머

사랑채 다 잠기도록
쏟아 붓던 달빛 아래
七八月 장마 다 지나도록

밤마다
휘파람새 울음 곁에
달빛으로 피던 꽃이여

늘 아쉬움에 젖어드는
내 젊은 날의 뒤안길
암야暗夜를 눈물로 지새우던 꽃이여

저 무망無望의 은하銀河를 건너
달을 향해
개소반에 정화수井華水 떠다 놓고
기도를 올리던

내 어머니 마음 같은
원도願道의 꽃
달맞이꽃이여.

바람에게 하는 말

방금
해 저문 강나루에서
쪽배를 몰고 떠난 바람에게
내가 묻노니

그대는 어디서 오시어
어디로 가고 계시는가

물오리 푸드득 날아 오른
저 갈대숲 머리 마구 흩어 놓고
잔잔한 내 심연深淵의 호수湖水 수면을
하이얀 물굽이를 일구면서

그대는 지금도
그 시절 캠퍼스 언덕빼기를
오색五色 바람개비로
마구 달리고 있는가

그대는 어디서 오시어
어디로 가고 계시는가

유리틀 속에 갇혀 있던
내 의식의 세계에 가교架橋를 놓아 주었던
지금은 기억조차 희미해진
청계천淸溪川 헌 책방을 더듬어
헤매이던 그 바람

아, 낙엽처럼 흩어져 버린 지난 날
내 사산死産한 첫 시집 원고 뭉치를 든 채
정신없이 헤매이던 바람아

그대는 어디서 오시어
어디로 가고 계시는가

이젠 애수哀愁의 깊이에서 퍼 올린
회한悔恨의 흰 머리카락
마검魔劍처럼 휘날리며

나 시방
가을 밤
다 새도록 징징 울어대는
한 마리 귀뚜라미로 귀화歸化하여

시냇물 소리
바람소리
시율詩律로 다듬어
날리고 있다

그대는 어디로 가고
지금 어디쯤 가고 있는가

늘 내 안에서 일어
내 안에 사는 바람아

황혼黃昏의 빈 들녘에
허수아비로 남아
바람을 기다리는 나와 너

아, 나 또한 바람이로세.

제 5 부
시조편 – 비움의 미학

그림은 화중유시畵中有詩라
못 다 한 말 남았나

시 또한 시중유화詩中有畵라
못 다 그린 한恨이여

영혼靈魂이 쉬어가는 천 년千年의 소리

– 판소리 한마당에서 –

(1) 열두 발 목숨인 양
즈믄 해 울려왔네

기쁨도 슬픔인 양
슬픔도 기쁨인 양

강 건너 까치놀 속에
학이 되어 노니네.

(2) 벌타령 바로 잡고
뒷갈망 다시 하니

웃는 날 웃어 주고
우는 날 울어 주며

되짚어 핀 여섯 마당
천상에서 노니네.

설 야雪夜

(1) 꿈길도 길이라면
오신 길 있으련만

도둑눈 내린 길을
등燈 들고 따라가니

갈림길 어디쯤인가
잃어버린 발자국.

(2) 꿈길로 다녀가신
내 님이 오신 길을

자국 눈 따라가며
가신 길 더듬으나

겨울밤 찬바람 탓에
갈 길 끊긴 사랑아.

월악산 덕주사德周寺

(1) 달조차 버거웠나
속세俗世가 발 아래라

불국佛國의 쇠 종소리
즈믄 해 이어가듯

송계곡 깊은 골짜기
예불禮佛소리 드높다.

(2) 산문山門이 따로 없어
골마다 염불念佛이요

경경耿耿한 바람소리
애간장 다 녹이고

두고 온 장삼長衫의 누이
마의태자麻衣太子 애닯다.

나의 청산青山은

(1) 청산이 어디메뇨
　내 안에 청산이라

　푸른 산 봉우리와
　해맑은 새 소리에

　잔잔한 시냇물 소리
　귀에 접어 살리라.

(2) 나도야 청산이라
　더불어 살으리라

　빛나는 아침 해와
　저녁놀 밤 하늘에

　무수한 별들 이야기
　헤아리며 살리라.

(3) 저 높은 산마루에
흰구름 한가롭고

높은 산 깊은 골도
아래로 흐르나니

우리네 인생살이도
한 곳에서 만나리.

시조사(時調詞) 사계(四季)

(1) 春(봄)

산골짝 잔설殘雪 녹아
개울물 불어가니

방앗간 물레방아
다시금 돌아가고

풋머리 꽃들의 반란叛亂
뉘가 있어 멈추리.

(2) 夏(여름)

매우梅雨가 지나가자
발싸심 치는 산야山野

옥수수 우쑥우쑥
산기슭 울울창창

먹구름 걷힌 하늘엔
은하수가 흐르네.

(3) 秋(가을)

뒷동산 밤송이가
저절로 벌어지니

들마다 황금물결
온누리 넘실대고

인생도 이와 같아서
육십六十이면 어떠리.

(4) 冬(겨울)

기나긴 겨울밤을
문풍지 달래면서

청촉靑燭을 밝혀 놓고
애긋는 그리움을

붓 끝에 먹물을 적셔
무운시無韻詩를 짓나니.

백합화(白合花)

(1) 참으로 은혜로운
당신의 손길에는

밤이슬 머금고서
별빛에 눈을 뜨는

사랑이 깃들어 있는
시혼詩魂의 꽃 한 송이.

(2) 호반의 나룻터에
희디흰 천사의 깃

푸르른 눈동자로
새벽을 깨우시며

내 안에 시어詩語로 피는
실낙원失樂園의 꽃이여.

그리운 님

(1) 조약돌 올망졸망
여울에 모여 앉아

달빛도 허물 벗고
나도야 신발 벗고

밤마다 찾아가는 이
그리운 님 뉘셨나.

(2) 가만히 눈을 감고
그리워 떠올리면
꿈길도 못 닿는 길
내 사랑 오매불망寤寐不忘

내 마음 여울목 건너
마중 나간 그리움.

(3) 만남도 헤어짐도
사람의 인연인데

행여나 그님인가
뒤돌아 보실런지
오늘도 내 마음 먼저
천리 길을 앞서네.

곡 비哭婢

– 귀뚜라미를 위한 조곡(組曲) –

가을밤 뒤란에서
애긋게 울어 보낸

촉촉이 젖은 사연
살며시 읽어 보니

저무는 세월 앞에서
이 내 마음 달래네.

천도薦度를 비는 휘파람새야

– 휘파람새가 되어 날아간 두향아 –

(1) 나룻배 울먹이는
강나루 건너에는

흰나비 나불나불
강선대 이마 위로

이승 밖 천만리 길을
접어 날아 오르네.

(2) 오늘도 애가 타게
뉘 넋을 불러 애나

발바리 맺힌 한恨을
풀어 줄 주박呪縛이라면

이 한 필 목숨을 풀어
건져 올릴 내 사랑.

동안거冬安居

(1) 시월도 열 엿셋날
세상사 미뤄놓고

비우고 오르시란
바람의 말씀 따라

한 석 달 면벽수련面壁修練을
다짐하고 오르니.

(2) 산문을 찾아 든 길
분분히 내린 눈발

내 발길 지우더니
어느새 장막처럼

드리운 어둠마저도
돌아 갈 길 묻누나.

삼강 옛 주막에서

– 예천 –

(1) 까치놀 눈이 부신
잔잔한 강물 위로

나룻배 건너가면
지등紙燈에 불이 드니

주모酒母의 푸른 앞치마
신바람에 날리네.

(2) 산그늘 접어 들고
찾아온 길 나그네

때 절은 세월 앞에
주안상 받아 놓고

마루에 걸터 앉아서
한 잔 술에 취하네.

(3) 나 또한 오늘 하루
풍문에 길들여진

등 굽은 회화나무
그늘에 주저앉아

아득히 추억에 젖은
세월의 강 건넜네,

서산 마애불磨崖佛 앞에서

(1) 달관達觀의 미소微笑던가
자비慈悲의 꽃이던가

수 없이 범람氾濫하는
무상無相한 말의 질곡桎梏

그 건너 흘러가는 강
갠지스의 환희歡喜여.

(2) 너와 나 따로 없이
스치는 인연因緣마다

미소로 건네주는
윤신潤身의 빛이던가

내 안에 피고 시드는
법열法悅) 꽃 아닌가.

그믐달

– 눈썹달이 뜨는 가을밤 –

빈 담을 돌어서면
메마른 우물가에

벽오동 가지 끝에
쭉쟁이 서러운 달

오늘밤 너와 내 사연
어찌 그리 닮았소.

승 무僧舞

눈부신 은빛 날개
천상天上의 나빌레라

천관산天冠山 바람 일면
속세가 발 아래라

내 안에 핀 꽃이었네
운해雲海 너머 꿈이었네.

하산下山 길에 만난 법고法鼓

(1) 이 길이 어드멘고
새벽길 하산下山길은

철부지 달아난 길
까마귀 울며 간 길

세상사 버꾸놀이판
불심佛心 아님 어떨꼬.

(2) 버꾸춤 돌아간다
신명난 버꾸잡이

온 동네 매암 돈다
오늘은 버꾸놀이

한 바탕 버꾸놀이판
불락佛樂 아니 좋은가.

비움의 미학美學

(1) 수묵화 한 폭에는
빈자리 반을 넘네

외면해 버린 걸까
미처 다 못 그렸나

그림은 화중유시畵中有詩라
못 다 한 말 남았나.

(2) 여백餘白의 잠언箴言이란
마음의 그림자라

살며시 날아드는
영혼의 노래여서

시 또한 시중유화詩中有畵라
못 다 그린 한恨이여.

모과, 그 삶의 비밀

(1) 모과는 서리 맞은
연후에 맛이 들고

성공에 이르려면
첩경捷徑이 감내堪耐이라

때로는 어리석음이
현명賢明함을 이기네.

(2) 말 많고 탈이 많은
세월도 돌아보면

애환도 한 세월뿐
인간사 여행 끝에

맨 처음 떠난 자리로
돌아온다 하더라.

단소短簫를 위한 소곡小曲

간밤에 울어 예던
애달픈 곡비哭婢 울음

그 울음 되짚어서
가만히 펼쳐 보니

님 잃은 이 내 설움
접어 달래 셨도다.

감귤柑橘나무 앞에서

탐라국耽羅國 남도 길에
빛 고운 누런 과일

가슴에 품은 육적陸績
반중盤中의 조홍시早紅柹요

도시복都始復 효행설화孝行說話는
성긴 마음 다잡네.

오시목烏柹木

해마다 이맘 때면
추색秋色으로 물이 올라

빨갛게 익어가던
청운靑雲의 나의 꿈이

내 안에 심재心材로 자란
먹감나무 한 그루.

※오시목 : 먹감나무를 이르는 것으로, 검은 먹이 들어 있는 감나무. 오래된 감나무의 심재. 빛이 검고 단단하며 결이 고와 장(단층)이나 농(2.3층) 등 세공물 제작에 쓰임.

마음의 행로行路

(1) 오솔길 갈림길은
어디로 오고 갔나

한 길은 묏비둘기
천수경千手經 외우던 길

또 한길 베갯잇 적신
눈물 어린 고향 길.

(2) 오늘도 해 다 저문
나그네 찾아 든 길

꿈엔들 잊혔으랴
박제剝製된 나의 고향

내게는 타향보다 더
낯이 설은 에움길.

* 에움길 : 굽은 길. 구불구불하고 엉클어지고 헷갈리는 길

두향제杜香祭를 위하여

(1) 애긋게 지새우는
강선대 뒷산에는

피 맺힌 한恨이 서린
사랑의 뒷모습을

소쩍새 산山을 허물어
무덤 하나 지었네.

(2) 달빛이 쏟아지는
남한강 기슭에는

나룻배 저 혼자서
가슴을 설레이며

두향杜香의 헝클어진 연緣
풀지 못 해 우누나.

낙과落果를 바라보며

(1) 남보다 늦익는다
한탄치 마시게나

늦가을 서리 맞은
모과가 맛이 있듯

세상사 늦고 이른 것
따져본들 어쩌리.

(2) 인간사 가도가도
끝 없는 노정路程인 걸

멍석이 덕석 되고
덕석이 멍석 되듯

앞뒤가 따로 없으니
운運이라고 일컫네.

풍 죽風竹

(1) 한 그루 대나무를
붓으로 쳐올리니

아서라 곧기로는
선비의 기세로세

외로운 등불 아래서
밤을 도와 글 읽네.

(2) 눈서리 다 겪고서
마음은 쇠를 닮아

굳고도 높은 절조
빈 마음 곧은 정신

가슴에 자란 대나무
한 그루를 보겠네.

천관사天冠寺

(1) 봄빛이 불 태우는
철쭉꽃 한창인데

나그네 집과 같은
뜬 세상 욕된 짐을

청산靑山에 다 벗어 놓고
돌아 앉은 천관사天冠寺.

(2) 가을빛 은빛 여울
바람에 넘실대고

머리엔 주옥珠玉으로
다듬은 관冠을 쓰고

억새꽃 비단 물결에
눈이 부신 가람伽藍아.

※ 천관사 : 전남 장흥군 관산읍 능안리 천관산에 소재한, 신라 애장왕 때 영통화상이 창건한 천년고찰. 송광사의 말사.

〈書評〉

〈김병렬 시인의 제 3 시집, 『바람에게 하는 말』의 작품세계〉

의식의 흐름에 따라 전개된 놀라운 시선詩仙의 노래

이 광 녕

(문학박사, 문예창작지도교수)

〈書評〉

〈김병렬시인의 제 3 시집, 『바람에게 하는 말』의 작품세계〉

의식의 흐름에 따라 전개된 놀라운 시선詩仙의 노래

이 광 녕

(문학박사, 문예창작지도교수)

유강裕康 김병렬 시인의 본관은 청풍淸風이다. 소설가 김유정金裕貞과 같은 항렬인 유裕 자字 유강裕康이며, 장흥군 부산면 내안리 방죽골에서 태어났다.

그는 시인이 될 수밖에 없는 천성天性과 환경을 타고난 작가이다, 그가 태어난 고향은 문림의향文林義鄕의 고장인 전남 장흥인데, 거기는 조선조 삼당시인三唐詩人인 백광훈과 「관서별곡」을 지은 백광홍, 그리고 존재 위백규 등 많은 유학자들뿐만 아니라, 이청준, 송기숙, 한수산 등 걸출한 작가들을 배출한 문향의 기름진 텃밭이다. 그러한 텃밭 요인과 환경에서 자라난 유강은 시인이요 학자일 수밖에 없는 숙명을 타고 났으며, 그 길을 따라 바람처럼 순리대로 살아가고 있는 훌륭한 선비 문사이다.

필자는 수많은 문인들과 교유하면서 문단생활을 해 보았지만, 유강 시인만큼 평범 속에 진실이 발견되는 선비적 자질과 문사적 재능을 겸비한 작가는 찾아보기 힘들었다. 대학원 국문과를 졸업한 그는 재현중학교에서 5년, 보성고등학교에서 국어교사로 35년 등 40여 년을 교직에 봉직한 올곧은 학자요 교직자이다. 아마도 천혜의 출생 환경과 오랫동안 거쳐 온 사도師道의 길이 그를 선비정신과 문사적 재능이 탁월한 시인으로 우뚝 서게 하는데 크게 영향을 끼쳤을 것으로 생각된다.

유강 시인의 작품세계를 면밀히 분석해 본 결과, 그의 작품 속에 내재된 심오한 철학적 사유思惟와 시선인 듯 자유분방한 시상 전개의 필력筆力이 필자에게 신선한 충격을 던져 주었다.

작가들에게는 각기 자기 나름대로의 작품 색깔을 띠고 있지만, 특히 유강은 "바람의 시인"이라는 작시풍作詩風의 깃발이 그의 작품 전반에서 나풀거리고 있다. 그는 바람의 전설을 따라 바람의 원형原型 : ARCHETYPE을 찾아가는 주목할 만한 색깔을 띤 시인이다. 그가 자칭 "바람의 시인"이라며 바람의 철학을 몸에 익힌 데에는 시골 출신인 그의 작품세계가 노장사상老莊思想처럼 자연의 이치를 거스르지 않는 순리적이며 섭리적인 자연 순환의 철학을 신봉하는 데에서 우러나왔을 것이라고 생각된다. 그는 불가佛家에서 말하는 인연因緣을 중시하면서 내면에서 우러나오는 탈속脫俗과 무소유無所有를 동경하는 초월적 달관의 세계를 작품 전반에 깔이 펼치고 있다.

이제 그러한 그의 작시풍을 염두에 두면서 그의 작품 세계를 주제에 따른 분야별로 나누어 살펴보고자 한다.

1. 본향을 찾아가는 회귀의식回歸意識과 귀소본능歸巢本能

훌륭한 문사들은 아름다운 추억을 명시名詩로 승화시켜 빛을 보게 한다. 시인은 주로 추억과 사랑을 먹고 사는데, 순수하고 질박한 문학적 인생 체험은 시골출신이 훨씬 유리하다. 평북 정주 출신인 백석白石 시인, 충북 옥천 출신인 정지용鄭芝溶 시인, 섬진강 출신인 김용택金龍澤 시인이 그 대표적인 예다. 시골 출신은 대자연과의 접촉이 잦고 순수한 면이 짙어 지방색과 애향심이 강하며, 뿌린 대로 거둔다는 체험적 자연

섭리와 진실을 몸에 익혔기 때문이다. 그러기에 시인이 어릴 때의 추억을 생생히 떠올리며 정든 고향을 노래하는 것은 본향을 찾아가는 귀소본능歸巢本能이며, 저절로 우러나오는 회귀의식回歸意識의 소치이다.

고향을 생각하는 유강 시인의 애향적 정서는 매우 각별하다. 여우는 죽을 때에도 고향 쪽으로 향해 머리를 돌려서 '수구초심首丘初心'한다는데, 유강 시인의 애향심이 바로 그와 같다. 그가 특별히 고향을 생각하는 향수심이 더 특별한 것은 부모님을 비롯한 혈육 간 뿌리 인연의 고리도 깊었겠지만, 그의 고향이 특별히 많은 문인들과 학자들을 배출한 문림文林 문향文香의 고장이라 더 그럴 것이다. 그의 작품 중에는 향수심鄕愁心을 그려낸 것들이 상당수인데, 그 중에서 두드러진 것만을 몇 편 골라 재조명해 보기로 한다.

친구여 오시게나
청보리 영그는 / 내 고향故鄕 땅, 장흥군 부산면 내안리 //
보리 누름에 우럭 맛 들기엔 / 아직 이르다 하지만
그래도 한 번 다녀가시게나 //

해마다 / 달개비꽃 지천至賤으로 피던
내川를 건너가면 //
다 저녁 / 집집이 촛불 켜면 / 전생前生이 별이었을
내 고향 //

푸르디푸르러

한 편 / 서사시敍事詩였고 //

아, 청보리 눈에 넘쳐 / 가슴은 하늘에 닿아
바다로 떠나던 / 내 사색思索의 만선滿船 //

파아란 하늘엔 / 종달새 높이 날고
우리들 청운靑雲의 꿈 //
푸르게 피어나던 / 청보리 무르익는
내 고향 땅, 장흥군 부산면 내안리 //

나는 밤마다 꿈마다 / 고향으로 돌아가
청보리 사잇길을 걸어봅니다.

- 「그때, 그날을 위해」 전문

유강의 시들은 장시長詩가 많다. 신화나 전설을 다룬 듯이 그 형태가 사뭇 서사적이며 내용은 술술술 한풀이하듯 고백적인 것이 특징이다. 위의 작품 「그때, 그날을 위해」나 「감꽃 털리던 유월六月의 신화神話」, 그 외 다수의 작품들이 그렇다. 그러한 면은 그의 시심詩心에서 우러나오는 필력이 일필휘지 무변광대無邊廣大하여 내면으로부터 솟아나오는 사유와 시상의 펼침이 거침없어 흘러나와 누에 실타래 뽑아내듯 연속성을 지녔기 때문이다.

위의 작품 「그때, 그날을 위해」에 나타나 있는 바와 같이, 유강 시인은 장성해서도 그 마음이 늘 고향에 머물러 있다. 그의 고향은 장흥군 부산면 내안리, 집집마다 오순도순 촛불 켜져 있는 모습이 전생에 별이었을 거라고 술회한다. 거기엔 달개비꽃이 지천인데 높푸른 하늘엔 종다리가 지줄대며 평화를 노래하고 들녘에선 청운의 꿈 무르익듯 풋풋한 청보리가 물결치는 곳이란다. 그 얼마나 평화롭고 아늑한 삶의 터전이었던가! 먼 세월이 흘러간 지금도 유강 시인은 밤마다 꿈마다 그 청보리 사잇길로 뛰어 다니며 아름다운 추억의 편린들을 주워 모으고 있단다. 그리곤 그 꿈속의 전설 같은 고향 추억을 혼자 누리기 안타까워 지음知音으로, 마음 통하는 벗님네들과 함께 누리고 싶어 "오시게나", "다녀가시게나"하며 구수한 시골 인심을 한껏 내비치고 있으니, 그 공유하고자 하는 따뜻한 고향 인정과 향수심이 잔잔한 감동을 준다.

오월五月의 층계, 그 아래
몰래 두고 떠난 고향
어깨 다정한 소꿉 친구 / 아직 거기 있을까 //

달개비 지천으로 피는 / 논두렁 밭두렁
진종일 바람개비 / 몰고 다니던 내 고향 //

돌담 너머
눈치껏 넘어오는 / 넝쿨장미 //

그 아래 / 슬며시 주저앉아 버린
돌절구 속에 / 파란 하늘이 떠 가고 //

내 생애生涯 한 모서리 / 묻어두고 떠났는데
아직도 싹이 트는 / 그리움의 잔뿌리 //

나 언제나 / 차가운 새벽 바람 속에
머리에 인 방구리 / 샘물 찰랑이듯 //

내 꿈의 꼭지점에 / 푯말처럼 서 있는

내 고향아 / 그 봄날아.

- 「내 고향故鄕, 그 봄날을 위하여」 전문

고향에 대한 그리움은 누구든지 간절한 것이 인지상정이지만, 이 글에 나타난 화자의 고향 그리움은 어찌 이리도 유별나게 절절하기만 한 것일까? '소꿉친구', '바람개비', '돌절구 속의 파란 하늘' 등 봄날 그 때의 모든 것이 다 아낙네 머리 위에 인 '물방구리 샘물' 넘치듯 찰랑찰랑 넘치는 그리운 추억의 잔상들이다. 향수심은 유강 시인의 작품세계 전반에 걸쳐 다정다감한 시어로써 큰 시맥詩脈을 이루면서 강물처럼 흘러가고 있다. 이는 마치 '섬진강 시인 김용택金龍澤'이 고향 섬진강을 핏줄처럼 인식하면서, 그의 서정적 시혼을 강물 흐르듯 펼쳐나간 것과 흡사하다. 그러기에 유강 시인은 이 시의 말미에서 벅차오르는 봄날의 고향 그리움을 억누를 길 없어, "내 꿈의 꼭지점에, 푯말처럼 서 있는 내 고향아, 그 봄날아"라고 고향을 부르면서 고백적 영탄조로 읊조리고 있다.

이 밖에도 그가 고향을 생각하는 애향심과 그리워하는 향수심은 상당히 많은 부분에서 고개를 내밀고 있는데, 「봄이 오는 길」, 「추억어린 그 포구浦口에 앉아」, 「모경暮景」, 「마음의 행로行路」, 「나의 꿈 무지개는」, 「내 고향 갈대숲에는」, 「뻐꾸기의 노래」, 「낮달의 추억」, 「내 고향故鄕, 그 봄날을 위하여」 등이 그 대표적인 작품들이다.

고향은 떠나 봐야 '고향'인 줄 안다. 고향을 한 번도 떠나 본 일이 없는 사람은 고향의 소중함을 알 리 없다. 카프카(Franz Kafka)는 "잃어버린 고향을 찾기 위해선 타향으로 가야 한다."라고까지 하였다. 이백李白과 두보杜甫는 타향에서 평생 고향을 그리워하면서도 결국 고향으로 돌아가지 못 했으니 그 한이야 오죽했으랴!

유강裕康 시인의 경우도 성장해서는 고향을 떠나 상경해서 만년까지 타관에서 학업과 교직생활을 지속하였으니, 나이 들수록 더욱 고향 그리움에 잠겨 있었을 것으로 짐작된다. 일찍이 당나라에 유학을 갔던 신라 최치원崔致遠도 당唐 현지에서 「동풍(東風)」, 「추야우중秋夜雨中」 등 향수심에 불타는 글들을 많이 지어낸 것을 보면, 인간의 고향 동경심은 누구든지 마음속에 깔려 있는 본능일 것이다.

하루하루의 삶이 희비애락의 연속이지만, 인생이란 결국 '고향집으로 향하는 여행길'이다. 유강 시인이 노경老境에 그의 시에서 고향 노래를 많이 부르게 되는 것은 이러한 간절한 귀소본능에서 우러나온 것이라 생각된다.

2. 묵향 풍기는 선비적 풍모와 유유자적한 나그네의 초월적 자세

필자가 유강시인을 문단에서 처음 만난 지는 강산이 두 번 변했으니 벌써 오랜 세월이 흘렀다. 그는 필자와 은연중에 이심전심의 우애감이 형성되어 있었는데, 늘 정답고 소탈한 성품에 소박하고 성실성이 엿보였으며 특이한 점은 전형적인 선비스타일의 시인이요 교육자라는 것이었다.

필자는 문인文人으로서의 자질론을 논할 때마다 '선비정신'을 강조하곤 한다. 모든 '문화文化'의 중심은 '문자文字'인데, "文"자 그 자체가 '선비가 갓을 쓰고 갓끈을 맨 형상'이라는 게 필자의 지론이다. 유강 시인은 남다른 선비적 풍모를 지니고 있는데, 그는 늘 갓을 쓰고 묵향墨香을 가까이 하며, 안분지족安分知足의 처세철학을 바탕으로 마음을 비우고,

노자의 무위자연無爲自然관에 따른 유유자적한 나그네의 길을 걸어가고 있다.

마음으로
먹을 가는 가슴에는 /
향기香氣 그윽한
난蘭 한 촉 피는 것을
보게 되구요 //

먹을 가슴으로
다스리는 마음에는 /
새소리 바람소리 어우러진

청죽靑竹 한 그루 자라는 것을
보게 된답니다 //

난과 청죽이 자라는
나의 서가書架에는 /
해종일 묵향墨香으로 잠겨 있답니다.
- 「묵마인墨磨人」 전문

이 글의 제목, 「묵마인墨磨人」에는 의미심장한 뜻이 담겨 있다. 일찍이 대문장가인 소동파蘇東坡는 "非人墨磨 墨磨人", 즉 사람이 "먹을 가는 것이 아니라, 먹이 사람을 간다"라고 하였다. 먹을 가는 선비의 문심文心이 얼마나 몰입되었으면 이런 표현이 나왔을까? 술 취한 사람 앞에서 "사람이 술을 먹는 게 아니라, 술이 사람을 먹는다"라는 표현과 흡사하다. 이 글은 마음의 눈으로 보고 느끼고 읽어야 제 맛이 난다. 마음으로 먹을 갈아 난蘭을 피우고, 그 먹을 가슴으로 다스리는 마음에는 새소리 바람소리 어우러진 가운데 청죽靑竹이 자라는 것까지 보게 된다니, 모든 것이 다 묵향墨香 그윽한 마음 밭에 있는 것이다.

묵향 가득한 선비의 글방과 서가書架, 이 글을 읽으면 제주로 유배를 가서 8년 동안 해종일 먹을 갈며 명필 '추사체秋史體'를 창출해 내고, 명화 '세한도歲寒圖'를 그려냈던 추사 김정희金正喜의 모습이 떠오르는데, 송松이나 난蘭이나 청죽靑竹이 다 선비들이 지조와 절개, 그리고 불변지심의 처세철학으로 추앙했던 소재들이니 이 글 작가의 올곧은 심성을 잘 들여다 볼 수 있다.

모든 것을 다 마음의 눈으로 보고 마음으로 느끼며 먹을 가는 일도 좋은 글을 쓰기 위한 하나의 수행과정으로 인식하는 작가의 생활태도와 선비 정신이 잘 드러나 있어 크게 감동을 주는 좋은 글이다.

(가)
그믐 / 칠야漆夜 //
부엉이 울음 / 글썽이 고인
박우물 속을 / 물끄러미 들여다보다 //

쪽나무 / 으스스 떠는
숲을 지나 //
또박또박 / 지팡이 짚고
재촉하던 발걸음 //

발목 시린 여울목 / 짚신 벗어들고
조심스레 건너가는 //
달 나그네.
- 「길 나그네」 전문

(나)
너는 밤마다 / 내 안에서 자라
내 안에서 피다 지는 / 그리움인가 보다 //

하루 이틀 / 사흘 나흘
그리 //
제 몸을 / 스스로 키워 내는
사랑인가 싶다 //

때론 / 제 몸을 / 스스로 베어 내는
칼날인가 보구나 //

아, 오늘 밤도 / 너는
내 안에 여인숙 하나 / 지어 놓고는 //

잠시 잠간 / 머물다 가는
나그네인가 보다.
- 「달아 달아, 초승달아」 전문

'달'과 '나그네', 그리고 '유유자적한 풍류'는 마음을 비운 선비들에게 붙여진 삼요소다. 이런 글들을 읽으면 목월睦月의 시 「나그네」 가 떠오른다. 이러한 시들은 대개가 달관적, 초월적, 향토적, 풍류적인 성격을 띠고 있다 그러나 목월의 나그네가 '남도 삼백리'를 떠도는 행운유수行雲流水와 같은 외적 달관의 경지라면, 유강의 나그네는 자아탐구의 내적 달관의 경지라는 점이 큰 차이다. 그러기에 유강의 글 속에서는 중심 소재로 인용된 달도 만월이 아닌 내적 지향의 칠흑 같은 그믐이며 초승달이다.

글 (가)의 '달 나그네'와 글 (나)의 '초승달'은 모두 내면 지향의 자아를 형상화한 것이라고 생각된다. 윤동주가 시 「자화상」 에서 "우물 속에는 달이 밝고 구름이 흐르고 하늘이 펼치고"라고 하였고, 「또 다른 고향」 에서는 "고향에 돌아온 날밤에 내 백골이 따라와 한방에 누웠다"라고 한 시상과 흡사하다.

글 (가)에서 '나그네'로 환치된 화자는 박우물 속의 자신을 들여다보고 지팡이 짚고 짚신 벗어들고 발목시린 여울목을 힘겹게 건너간다는 자화상自畵像을 그려내고 있다. 그리고 글 (나)에서는 피다 지는 그리움을 더욱 그리워하며 그리움의 화신化身인 자신의 모습을 '초승달'에 투사投射하고 있다. 그리고, 그것은 제 몸을 스스로 키워내는 존재이며 스스로 베어내는 칼날이기도 하지만, 자아의 내면 속에 들어와 여인숙으로 자리 잡기를 원하는, 못 다 이룬 그리움의 내면 심리를 잘 형상화해 내고 있다.

이러한 글들은 나그네로서의 초월적 자의식自意識을 드러낸 것으로서, 그리움의 세계에 안주하고 있지 못 하는 갈등과 방황심리를 그려낸 자화상이라고 할 수 있다.

(다)
청산이 어디메뇨 / 내 안에 청산이라
푸른 산 봉우리와 / 해맑은 새소리에
잔잔한 시냇물소리 / 귀에 접어 살리라.

나도야 청산이라 / 더불어 살으리라
빛나는 아침 해와 / 저녁놀 밤 하늘에
무수한 별들 이야기 / 헤아리며 살리라.

저 높은 산마루에 / 흰구름 한가롭고
높은 산 깊은 골도 / 아래로 흐르나니
우리네 인생살이도 / 한 곳에서 만나리.

- 「나의 청산靑山은」 전문

(라)
애긋게 지새우는 / 강선대 뒷산에는
피맺힌 한이 서린 / 사랑의 뒷모습을
소쩍새 산을 허물어 / 무덤 하나 지었네.

달빛이 쏟아지는 / 남한강 기슭에는
나룻배 저 혼자서 / 가슴을 설레이며
두향杜香의 헝클어진 연緣 / 풀지 못해 우누나.

- 「두향제(杜香祭)를 위하여」 전문

윗글의 두 작품은 시조다. 유강 시인은 시와 시조 두 장르로 다 등단했으며, 두 장르에 대하여 수준 높은 창작활동을 전개함은 물론, 평론가로도 등단하여 심사평 등과 같은 전문 분야에까지 활동의 영역을 넓혀가고 있어 문단의 총아寵兒로 주목을 받고 있다. 그가 특별히 시조 분야에도 관심이 많은 것은 오랜 동안의 교직생활을 통한 시조교육으로 후학을 많이 길러냈을 뿐만 아니라, 그의 선비다운 풍모와 전통 성향이 우리의 뿌리문학인 시조에 더욱 흥미를 갖게 된 데에 그 연유가 있다.

윗글 (다)의 「나의 청산靑山은」은 얼핏 읊어보면 마치 옛 선비들의 풍류가처럼 느껴진다. 유유자적하는 선비들의 무욕적 삶의 태도와 소망의식이 잘 나타나 있다. 무위자연無爲自然하는 자유롭고 평화로운 삶은 시어 '청산靑山' 속에 응축되어 있으며, 처세의 방향은 제3수에 드러난 노자의 '상선약수上善若水' 철학에 따라 물처럼 낮은 곳으로 흘러 '곡신불사谷神不死' 정신으로 살아가리라는 인생관이 잘 나타나 있다.

글 (라) 「두향제杜香祭를 위하여」는 퇴계 이황李滉과 관기 두향杜香과의 아름다운 인연이야기와 관계있다. 퇴계 이황이 48세 되던 해에 단양군수로 부임하였는데, 거기서 가야금과 시서詩書에 능하고 유난히 매화梅花를 사랑한 18세의 꽃다운 두향을 만나 인연을 맺었다. 그러나 두 사람의 꿈 같이 아름다운 사랑은 겨우 9개월 만에 퇴계 이황의 풍기군수 발령으로 끝이 났는데, 이것이 안타깝게도 '짧은 만남 긴 이별'로 이어지게 되었다. 퇴계가 70세 되던 해에 안동安東에서 세상을 하직하자, 그 소식을 들은 일편단심 두향은 안동까지 걸어가서 퇴계의 영전에 잔을 올린 후, 다시 단양으로 돌아와 남한강가 강선대에서 강물에 투신하여 퇴계의 뒤를 따랐다는 슬픈 이야기다.

유강 시인은 이러한 두향의 꽃넋을 시조로써 추모하고 있다. 피맺힌 사랑의 한을 머금고 강가 양지 바른 곳에 묻혀있는 그녀의 무덤을 보고,

한 맺힌 객관적 상관물로 쓰이는 '소쩍새'를 인용하여 '소쩍새가 산을 허물어 무덤 하나 지었네'라고 읊었으며, 또한 남한강의 나룻배도 '두향의 헝클어진 연을 풀지 못 해 울고 있다'라고 읊조리고 있어 읽는 이로 하여금 가슴 저린 애련의 감동을 불러일으키고 있다.

3. 불교적 수행 의지와 순환 의식

유강시인의 사상적 배경은 불가적佛家的 선적禪的인 색채를 띠고 있다. 그러기에 그의 작품 속에는 피안의 세계를 그리워하며, 인연, 환생, 순환, 윤회 등과 같은 시어들이 많이 등장한다. 인생살이가 다 일체개고一切皆苦이며, 그것이 욕망으로 인한 인연과보因緣果報로 이루어져 있으니, 깨달음의 철학이 없으면 그런 글들을 쓸 수가 없는 것이다.

유강시인은 웬만한 사찰의 정보에도 무척 밝으며 불교 탐방이나 템플스테이 등을 통해서 불교적 지식을 널리 습득하였다. 범아일여梵我一如, 다선일여茶禪一如, 제행무상諸行無常, 불이사상不二思想 등이 다 그의 작품 세계 속에 녹아들어가 있다.

> 주절 / 주절 //
> 몇 겁劫을 / 구두삼매口頭三昧로
> 뚫어 놓은 / 저 가수假睡의 터널 지나 //
>
> 밤과 낮을 갈마들며 / 내 의식의 밑바닥을 흐르는
> 무명루無明漏 건너 //

적멸궁寂滅宮 / 눈부신 돌층계를 올라
꽃살문 살며시 열고 / 들어서면 //

행여 / 열반涅槃으로 통하는
샛문 있으렷다.

- 「노동동굴蘆洞洞窟」 전문

이 글은 단양의 노동동굴을 둘러보면서 체득한 불교적 수행의지를 토로한 글로 보인다. 이 글에는 깨달음의 지혜인 보리菩提를 완성하고 해탈解脫의 문門에 도달하고자 하는 불자로서의 수행의지가 선명히 드러나 있다. 중생의 속물인 자신은 몇 겁 동안 말로만 경문을 외울 뿐 다 거짓 몸짓이니, 의식의 바닥을 흐르는 무지무명의 번뇌를 건너 불도를 닦으면서, 거룩한 부처의 진신眞身을 모신 적멸궁의 돌층계에 올라 꽃살문을 살며시 열고 들어서면 드디어 해탈의 경지에 이르지 않을까 하는 수행의지를 시적으로 아주 선명히 잘 그려내었다.

일개 동굴탐사를 통해서도 이렇게 불교적 수행의 해탈 불심을 심도 있게 표현해 낼 수 있다니, 참으로 불자로서의 수행 자세와 그 필력에 감탄하지 않을 수 없다.

유강 시인은 「동안거冬安居」란시조에서도 "세상사 미뤄놓고 맘 비우고 오르라는 바람의 말을 따라, 한 석 달 면벽수련面壁修練을 다짐하고 산문에 올랐다'고 하였다. 평상시엔 그의 깊은 불심이 잘 드러나지 않았지만, 글의 곳곳에서 만나는 그의 불교적 수행 의지를 발견하고 유강 시인의 또 다른 면모에 놀라움을 금치 못 하였다.

선들바람 가슴에 안고 / 물소리 귀 시리도록

자욱한 한나절인데 //
한 줌 따뜻한 / 온기溫氣로 남고 싶은
저 말씀의 꽃 / 내가 듣고 싶네요 //

저 깊고 깊은 / 늪 속의 은방울 울리며
걸어 나온 비구니比丘尼 //

수덕사修德寺 기왓장 골골에 / 환청幻聽으로 흔들어 대는
당신의 말씀 / 내가 새겨듣고 싶네요 //

순명殉名의 날 / 곱게 곱게 단장하고
길 외로운 나그네 / 발길에 서리 내리면 //

이 가을 핏빛으로 / 써 내려가는 가을 일기
그 맨 마지막 장에 / 노을이 서럽게 드러눕네요.

- 「단풍丹楓 한 잎에도」 전문

이 글은 불심佛心에 목마른 화자가 수덕사修德寺에서 걸어 나오는 비구니를 보고서 환청이듯 귓전에 일렁거리는 부처님의 법어를 무척이나 새겨듣고 싶어 하는 심경을 표현하였다. 인생의 막장에 서게 되는 날, 곱게 단장한 외로운 나그네 되어 이 가을에 진정어린 핏빛 인생사를 쓰노라면 인생의 마지막 노을빛도 서러워할 것이라는 마무리가 왠지 모르게 가슴 찡한 느낌을 던져 준다. 인생무상人生無常이라서 그럴까? 인생의 노을빛 앞날을 꿰뚫어 보는 작가의 미래 예지가 "단풍"이라는 객관적 상관물에 의해서 비유적으로 잘 표현되어 있다.

(가)

내 상념想念의 조각배는 / 날마다 날마다 떠나고
태고太古의 시간 속을 / 거슬러 오른 시원지始原地에서 //

어느 깊고 깊은 산골 / 물방앗간 휘돌아
이끼 낀 돌다리 아랠 / 파랗게 자맥질하며 지나 //

오색五色 등불 현란眩亂한 / 도시의 창문 아래
탕아蕩兒처럼 떠돌다가 //

아, 이젠 / 낯 선 세월 앞에
꿈도 베이고 / 상념想念도 무너져
꽃 진 자리마다 / 한 마리 가시나무새로 환생還生하나니
- 「시간時間의 뒤안길에서」 일부분

(나)

나 오늘 / 이 한 몸
저 푸르른 옥토沃土에 묻어 / 꽃을 보려 하니 //

빗물 고인 / 빈 항아리 속에 떠 있는
달빛에 젖은 꽃이 / 어지럽구나 //

無에서 시작되어 / 無로 돌아가는
나의 목숨아 //

다 새벽까지 / 눈물로 씻어 내린 / 나의 시어詩語에는 //
방금 / 종을 울리며 바삐 지나가는 //

두부장수의 수레바퀴 윤회輪廻 속에서 /
눈부시게 부서지고 있구나.

- 「비가 되어 내리는 나의 노래여」 전문

위의 두 글에는 '환생還生'과 '윤회輪廻'의 작가적 심리를 화자의 입장에서 술회하고 있다. 글 (가)에서는 타임머신을 타고 전생을 돌아보듯 하고 있다. 화자는 태곳적으로 거슬러 올라가 어느 깊고 깊은 산골 물방앗간 휘돌아 이끼 낀 돌다리 아래서 꿈을 안고 삶의 성패를 거듭하다가 현란한 도심지의 탕아蕩兒로 전전한 뒤, 현재는 낯선 세월 앞에서 꿈도 상념도 다 사라지고 한 마리의 가엾은 가시나무새로 환생하였다는 슬픈 전설적 이야기로 끝을 맺고 있다.

글 (나)에서는 옥토와 같은 좋은 환경에서 아름다운 꽃을 보려하니 빈 항아리 속에 초라히 떠 있는 부표하는 꽃이 어지럽고, 무無에서 무無로 돌아가는 허무한 자아 실체의 인생이 덧없는 것임을 깨닫고 있다. 그리고 화자는 그러한 현실을 긍정할 수밖에 없는 상태에서 고난의 시련을 씻어내려고 시를 쓰지만, 새벽종을 울리며 지나가는 두부장수의 수레바퀴와 같은 윤회의 굴레 속에서 눈부시게 부서져가는 자신의 실체를 발견하고 그것을 넋두리하듯 읊조리고 있다.

위의 글들에 나타난, '탕아', '가시나무새', '눈부시게 부서짐' 등은 그 시상이 낙관적이기보다는 다소 비관적인 이미지를 풍기고 있다. 그러나 '가시나무새'가 일생에 한번 마지막에 가장 아름다운 노래를 부르고 간다는 사실과, 부서지되 '눈부시게 부서진다'는 표현은 '인생의 찬란한 족적足跡'을 상징하기도 하니 역설적이며, 비장미悲壯美와 함께 숭고미崇高美도 함축되어 있다는 것을 감지할 수가 있다.

청산靑山은 / 내 눈을 맑게 하고
유수流水는 / 내 귀를 정갈케 한다던데 //

아, / 도랑 하나 건너
날마다 길을 잃고 헤매는 / 이내 마음 //

다스릴 길을 / 하늘에 물었더니
길은 어디에나 있고 / 어디에도 없다 하시며
드나드는 문은 / 하나이니 //

두레박 철철 넘치게 / 퍼 올리고 퍼 올려도 /
마르지 않는 샘 하나 / 내 안에 파 놓고 //

백비청빈白沸淸貧으로 다스려
그 문으로 / 나오라 하더이다.

- 「차茶에 대한 소고小考」 - 禪詩 -

이 글은 한편의 선시禪詩로서, 차茶를 마시며 수행에 잠기는 수행자의 모습을 떠올릴 수 있다. 심신을 닦으려면 자연 속에 들어가 청산과 유수를 접하면서 눈과 귀를 맑고 정결케 해야 한다는데, 구도의 길이 들어선 화자의 입장에서는 그것보다는 도랑 하나 건너, 즉 바로 지척에 있는 진리를 깨닫지도 못 하는 것이 더욱 안타깝다는 것이다. 불가에서는 '진리의 길은 둘이 아니고 오직 한 길'이라고 하여 해탈문解脫門의 다른 이름으로 '불이문不二門'을 중시하고 있다. 이 글에서도 '드나드는 문은 하나'라고 하며 '아무리 퍼 올려도 마르지 않는 진리의 샘' 하나 내 안에 파놓고 모든 것 다 비운 순수 청빈의 마음으로 불이문을 통과하리라고 다짐하고 있다.

이 글은 차茶를 통하여 상당히 의미심장한 수행자의 마음가짐을 표현해 내고 있다.

차茶를 선禪 수행의 도道로 생각한 선승禪僧은 당나라의 조주趙州선사와 조선의 초의草衣선사인데, 조주선사는 가르침을 받으러 온 수행자에게 "차나 한잔 마시고 가라"라는 '끽다거喫茶去' 화두로 유명하며, 차 문화 전승의 맥을 이어준 실학 선승 초의선사는 "차茶와 선禪은 한가지 맛"이라는 '다선일여茶禪一如', '다선일미茶禪一味', '다선일체茶禪一體'의 다도茶道 화두로 유명하다. 이들은 차茶를 통해 선禪 수행을 한다는 궁극적 목표가 동일하여 품격 높은 감동을 안겨 주었다.

위의 유강 시인 선시禪詩에서도 차를 마시는 선禪 수행으로 진리를 깨우치고, 청빈으로 자아를 다스려 진리의 한 문門으로 나와 실천하리라는 멧세지가 큰 감동을 주고 있다.

4. 바람의 순리 철학을 따라가는 억새풀 같은 흔들림의 미학

일찍이 문학평론가 이어령李御寧은 동서양東西洋의 문화적 차이를 폭포문화瀑布文化와 분수문화噴水文化로 비교한 적 있다. 매우 적합한 비유다. 동양의 문화가 폭포와 같이 인공을 가하지 않고 자연 그대로를 살려내는 문화라면, 서양의 문화는 인공을 가하여 인위적으로 만들어내는 문화라는 것이다. 이러한 판단은 자연문화와 인공문화로 대별될 수 있는데, 삶의 철학에 있어서도 억지로 꾸며나가는 인위적 삶의 태도와 자연의 이치를 따르는 순리적 삶의 태도로 대별될 수 있을 것이다.

유강 시인은 자연의 순리에 따라가는 자칭 '바람의 시인'이다. 전통적으로 한국적인 선비정신은 자연의 순리를 따르고자 하는 무위자연無爲自然의 원리에 의해 실행되는데, 유강 시인은 특히 이런 면에서 남다른 특색을 보이고 있다. 그는 아마도 제자백가 중에 '상선약수上善若水'의 순리철학을 내세우는 노자老子의 뜻을 신봉할 것이다. 그는 일생을 살아오면서 자연의 순리를 터득하고, 거기에서 흔적 없이 속절없이 흘러가는 것의 대유물인 '바람'을 화두로 선택하여 작품 세계에 그것을 많이 투영해 넣었다. '바람'은 유강 시인의 또 다른 이름이며, 그의 사상의 핵심을 알 수 있게 해 준다.

방금 / 해 저문 강나루에서
쪽배를 몰고 떠난 바람에게 / 내가 묻노니
그대는 어디서 오시어 / 어디로 가고 계시는가 //

물오리 푸드득 날아 오른 / 저 갈대숲 머리 마구 흩어 놓고
잔잔한 내 심연深淵의 호수湖水 수면을
하이얀 물굽이를 일구면서 //

그대는 지금도 / 그 시절 캠퍼스 언덕배기를
오색五色 바람개비로 / 마구 달리고 있는가
그대는 어디서 오시어 / 어디로 가고 계시는가 //

유리틀 속에 갇혀 있던 / 내 의식의 세계에 가교架橋를 놓아
주었던
지금은 기억조차 희미해진
청계천淸溪川 헌 책방을 더듬어 / 헤매이던 그 바람 //

아, 낙엽처럼 흩어져 버린 지난 날
내 사산死産한 첫 시집 원고 뭉치를 든 채 / 정신없이 헤매이던
바람아
그대는 어디서 오시어 / 어디로 가고 계시는가 //

이젠 애수哀愁의 깊이에서 펴 올린
회한悔恨의 흰 머리카락 / 마검魔劍처럼 휘날리며
나 시방 / 가을 밤
다 새도록 징징 울어대는 / 한 마리 귀뚜라미로 귀화歸化하여
시냇물 소리 / 바람소리 / 시율詩律로 다듬어
날리고 있다 //

그대는 어디로 가고 / 지금 어디쯤 가고 있는가
늘 내 안에서 일어 / 내 안에 사는 바람아 //

황혼黃昏의 빈 들녘에 / 허수아비로 남아
바람을 기다리는 나와 너
아, 나 또한 바람이로세.

- 「바람에게 하는 말」 전문

이 글에서 '바람'의 존재는 무엇인가? 글 속의 '바람'은 늘 시공을 초월하며 화자의 영혼과 맞물려 있다. '캠퍼스 언덕배기를 바람개비로 달리고', '청계천 헌 책방을 더듬어', '첫 시집 원고뭉치를 든 채', '내 안에 사는 바람' 등으로 미루어 이 글 속에서의 '바람'은 그것을 통한 시적 화자의 모습이다. 즉 객관적 상관물에 자신을 투사投射하여 바람처럼 떠돌았던 자신의 산만한 자화상을 동일시同一視의 기법으로 넋두리처럼 읊어내고 있다. 이 글을 넋두리요 노래로 본다면, 그 후렴구는 '그대는 어디서 오시어 어디로 가고 계시는가' 이다. 시율로 읊조리기 좋게 네 번이나 나온다.

상징성으로 본 바람의 끝은 허무다. 지나온 것이 다 미로요 앞길도 다 예측할 수 없는 것이다. '바람'의 속성이 알 수 없는 존재이기에 확실한 건 모두가 다 '허무'라는 사실뿐이며, 실체는 있으나 보이지 않으며, 도저히 잡을 수 없기에 그것은 '허무'의 끈과 연결되어 있다. 그래서, 글 속에서의 화자는 '흰 머리카락 마검魔劍처럼 휘날리며, 한 마리 귀뚜라미로 귀화歸化하여, 물소리 바람소리 시율詩律로 다듬어 날리고 있다'라고 하였으니, 시를 씀으로써 그 보상심리로 위안을 삼고 있음을 알 수 있다
.

나이 들어 황혼黃昏의 빈 들녘에 서 있는 화자, 이 글의 말미에서는 자아의 존재가 비록 허수아비에 불과하지만, 허무 속에서 또 다른 기다림으로 허무를 극복하려는 독백적인 비장미가 엿보이고 있어 잔잔한 감동과 여운을 던져 주고 있다.

바람인 줄 / 내가 뻔히 알면서
화조풍월花鳥風月 찾아 / 於焉 六十 年

그래도 여전히 / 나는 바람처럼
살고 싶다네 //
돛이야 바람 부는 대로 / 달아 놓고
바람 부는 대로 / 정처 없이 가고 싶다네 //

저 푸르디푸른 / 무욕無慾의 하늘을
낮달처럼 맨발로 건너가는
어쩌면 내 영혼은 / 눈부시게 희디흰
한 척 돛단배 / 불계지주不繫之舟여 //

예나 이제나 / 세상에 바람처럼 산다는 것
그처럼 허무한 일도 없다지만
세상에 바람처럼 산다는 것
그처럼 신명神明나는 일도 없다네 //

바람처럼 / 내 안에 피었다가
바람처럼 / 내 안에서 지고 마는 꽃
바람꽃아 / 내 영혼靈魂의 꽃아
그래 바람인 줄 / 내가 뻔히 알면서
내 안에서 피었다 / 내 안에서 지고 마는
허무虛無의 꽃아 //

내 영혼의 꽃을 찾아
바람처럼 살고 싶다네.

- 「내 안에 피는 꽃, 바람꽃이여」 전문

이 글은 읽을수록 시상 전개에 따른 운율적 미감을 느낀다. 절절이 흐르는 시적인 영감靈感이 진솔한 시혼을 불러오기 때문이다. 이 글에도 자유분방하게 살아가고자 하는 화자의 꾸밈없는 순수함이 잘 드러나 있다. 돛이야 바람 부는 대로 달아놓고 바람 부는 대로 흘러가는 대로 살아가는 게 신명나는 일이라 토로한다.

그러한 삶은 무욕無慾을 전제로 하는 삶이기에, 철저한 자기관리로 인생을 매여 사는 세인들의 삶과는 천양지차다. 그러기에 화자는 푸르디푸른 무욕無慾의 하늘을 낮달처럼 맨발로 건너가는 그 영혼은 눈부시게 희디흰 한 척 돛단배 불계지주不繫之舟라고 스스로 비유한다.

화자는 또, 바람꽃은 그의 내면에서 바람처럼 피었다가 바람처럼 지고 말기에 그것은 '허무의 꽃'이라고 하였다. 그러나, 그런 줄 알면서도 허무의 꽃, 영혼의 꽃을 찾아 다시 바람처럼 살아간다는 표현은 무엇을 뜻하는가?

필자는 이 글을 쓴 유강 시인을 잘 알기에 이 부분을 긍정적인 안목으로 미학적으로 해석하고 싶다. '바람'을 피동적으로 생각하면 '허무'이나, 능동적 긍정적 안목으로 인식한다면 그것은 하나의 '생각의 흐름'이요, '도전의 욕망'이다. 바람인 줄 뻔히 알면서도 바람처럼 지고만 바람꽃을 다시 또 찾는다는 것은 포기하지 않고 다가올 앞날에 대한 새로운 도전을 하는 일이요, 하나의 기다림인 것이다. 자신의 욕망을 과장되게 포장해 놓고 목에다 힘을 주며 말하는 뭇 세인들의 처신보다 이 얼마나 순수하고도 겸양의 미덕이 넘치는 낮아진 표현인가! 유강 시인의 독특한 처세 철학은 티끌이 없고 진솔하고 선비다워 오히려 가슴 속에 순수한 미학적 깨달음으로 선명히 다가온다.

남명南冥 조식曹植 선생은 13번이나 벼슬을 사양하고 오직 제자를 양성하는 데에만 주력하여 선비상의 사표로서 크게 추앙을 받고 있다. 물질주의가 팽배한 현대에 지족불욕知足不辱 지지불태知止不殆의 선비정신을 지켜내기란 그리 쉽지 않은 것이다. 노자의 무욕無慾 정신과 장자의 소요유逍遙遊 정신으로 흘러가는 대로 바람부는 대로 자연스럽게 살아가려는 유강의 선비다운 순수한 인생관이 얼마나 아름다운지 찬사의 박수를 보낸다.

부는 바람에도 마구 / 흔들리는 내 영혼
남는 것은 노래뿐 //

불면 쓰러지듯 누웠다 / 다시 일어서서 부르는
내 영혼, 나의 노래는 바람 //

내 생애(生涯)에 남는 것이 / 하나도 없다한들
빈 그릇 속 같은 내 마음 //

비록 흔들려도 비워 놓고 가려하나니
비우며 살려 하나니 //

마침내 눈부시게 흔들리고 / 두런두런 길을 트는 //

바람 소리에
이 몸 이 생生을

다 풀어 놓고 가려 하노라.

- 「억새의 노래」 부분

이 글에서의 '억새'는 무엇을 상징하는가? 억새는 강한 듯 흔들리는 존재이다. 바람 부는 대로 이리저리 흔들리는 억새, 아마도 글 속에서의 억새는 작가 자신의 흔들리는 영혼일 게다. 유강 시인은 많은 시편에 걸쳐 자신의 모습을 바람의 권역 안에 투사하면서 '윤동주의 자의식自意識'과 같은 시적 자아를 창출해 내고 있다. 억새처럼 '마구 흔들리는 내 영혼'이라며 남는 것은 노래뿐이란다. 그리곤 비록 흔들려 남는 것이 하나 없어도 비워놓고 가려한다며, 마침내 '눈부시게 흔들려서 이 생을 다 풀어놓고 가려' 한단다.

바람의 철학은 보이지 않는 진실 속에 들어 있다. 법정스님이 무소유無所有를 피력했듯이, 다 버리고 마음을 비우고 간다는 것은 참된 선비의 처세철학이며, 아름다운 인생 창출을 위한 하나의 설계이다. 무거운 세상살이, 번뇌는 바람에 다 날려버리고 마음을 비워 바람의 결대로 살아가는 자유분방한 삶이 얼마나 아름다운가! 사실 혹자는 이렇게 바람결대로 살아가는 인생을 주견 없이 의지 없이 살아가는 부랑아(浮浪兒)쯤으로 인식할 지도 모른다. 그러나, "억새의 노래다"

억새는 억척스런 풀이며 바람에 흔들리지만, 그 뿌리는 깊고 견고하여 좀처럼 빠지지 않는다. 흔들려야 꽃이 피고 흔들려야 강해진다는 섭리와, 한 곳에 깊이 뿌리내리고 있는, 선비의 지조 있는 정신과 의지가 아름답게 나풀거리고 있는 강한 글이다.

5. 추억 속에 천착穿鑿된 그리움, 그 울적한 박우물 들여다보기

유강 시인의 자아인식은 한 곳에 정착하거나 안주하고 있는 고정화된 존재가 아니다. 목마른 영혼이 사막에서 오아시스를 찾아나서는 외로운 에뜨랑제이다. 사실 안주하고 싶지만 현실적으로 용인이 안 되는 불가역적인 자아를 위안하며 그 방황심리를 그린 것이기도 하다. 이런 현상은 현대인의 심리적 특징일 수도 있는데, 역설적으로 말하면 그만큼 그리움의 형국形局을 만나지 못 하고 있어서 지속적으로 이상향理想鄕을 추구하고 있는 현대인의 본모습이라고도 할 수 있을 것이다, 유강시인이 「가을 여행」에서도 "별이 되다만 눈물이 갈대숲에 서리로 맺히는데 ~ 나는 애증愛憎의 업보業報 안고서, 어디서 어디로 가는 것인가, 어디쯤 흘러내리고 있는 것인가".라고 읊조리고 있는 것도 불안정한 자아의 모습을 확인하고 싶어 하는 노래이다.

필자는 일찍이 '시인은 추억과 사랑을 먹고 사는 존재'라고 피력한 바 있다. 이러한 그의 안주하지 못 하는 흔들림은 결국 그리운 추억을 불러내고 기억의 강물을 불러내서 그것들에 의해 아름다운 생명의 불씨를 살려 내고 있다.

(가)
지금은 / 누렇게 바래버린 / 내 기억 속에 아직도
숨어사는 고운 무지개 //

해묵은 과수원 능금나무 밭 / 탱자나무 울타리 돌아서면
포도 넝쿨타고 오른 / 양철지붕 아래 //

뱅그시 열린 창문 / 그 너머로 새어 나오던 불빛
네모난 창틀 속의 사진처럼 / 환하게 웃고 있던 고운 무지개 //
- 중략-
커다란 눈망울 속에 / 파란 하늘이 저절로 열리던
단발머리 무지개 빛 추억이여
　　- 「추억追憶, 그 속에 아직도 숨어 사는 얼굴」 일부분

(나)
이젠 꿈에도 생시에도 / 소식 없는 내 님 찾아 //

나는야 나는야
시월(十月) 휘영청 달 밝아
내 영혼의 뿌리까지 / 흔들어 놓던 바람이 되어 //
억새 숲을 떠도는 / 서러운 목숨이었나니 //

나는야 나는야
구만리九萬里 돌고 돌아
나도 가고 / 너도 가고 나면 //
하얗게 비워 놓은 / 하늘 끝자리
맨손 맨발 맨몸으로 / 주저앉아 //
한생을 울고 울던 / 한 마리 울음쇠였나니.
　　　　　　- 「오늘도 그리움에」 일부분

윗글 (가)에서는 추억追憶, 그리고 그 속에 아직도 숨어사는 자아의 모습을 잘 그려내고 있다. 인간은 귀소본능의 존재이다. 그러기에 타관他

官 땅에 나와 흔들리고 부대끼면 저절로 다시 찾게 되는 것이 그리운 본향이다. '능금나무 밭', '탱자나무 울타리', '양철 지붕' 위의 파아란 하늘, 이 모두가 영롱히 아름다웠던 무지갯빛 추억의 소산물이다.

이러한 아름다웠던 무지갯빛 추억 속으로 다시 들어감으로써 화자는 안주하지 못 하고 흔들리고 있는 현실적 자아를 하나의 심리적 방어기제防禦機制로써 위안 삼고 있는 모습을 보이고 있다.

글 (나)에서는 '나'와 '너'의 존재가 서로 상충되고 있는 듯 하나, 결국 자아가 바라는 '내 님'이 '너'이기 때문에, '나'와 '너'는 같은 동일한 감성의 '이상적인 나'로 볼 수 있. 화자의 정착하지 못 한 흔들리는 방황심리는 역시 '바람'으로 나타나 있으며, 자아는 구만리 장천長天을 돌고 돌아 어느 하늘 끝자리 맨손 맨몸으로 주저앉아 한 평생 울고 지내던 '울음쇠'의 처지로 끝나버릴 것 같은 자아를 염려하고 있다. 이러한 심리는 이상향과 피안彼岸의 세계를 그리워하는 작가의 고도화된 작품 세계를 엿볼 수 있는 부분이라고 볼 수 있다.

이러한 유강의 시들을 접하면 녹슨 구리거울 속에 비춰진 자기의 얼굴을 들여다보며 자의식自意識의 세계를 심도 있게 펼쳐나간 윤동주의 「참회록」이나. 파랑새 시인 한하운韓何雲의 시 「보리피리」가 떠오른다. 한하운의 시상과도 일맥 상통하는 것은 흔들리는 현실 속에서 꺼져가는 자아를 부정하고 무지갯빛 이상향을 그리워하는 공통점을 발견할 수 있기 때문이다.

> 내 유년幼年의 양지 바른 / 고샅길을 지나가면
> 뒤따라 나서는 / 정겨운 개울물 소리 //
>
> 이젠 내 가슴 / 황량荒凉한 벌판을 가로질러

꼭두새벽 산사山寺의 목어木魚 데리고
나를 따라 오네 //

잠 못 이루는 밤마다 / 내 영혼을 지근지근 씹으며
앞서거니 뒤서거니 따라오던 너는 //

길고 깊은 내 가슴 / 별들이 총총히 내려 쏟고
줄지어 풀꽃을 피우던 / 강가에 나룻배 한 척 일렁이고 //

세파에 찌든 내 영혼 / 헤살거리는 물결에 찰랑거리는
푸른 내 영혼을 싣고 / 바다로 바다로 흘러가네.

- 「봄날에 강물은」 전문

이 글에서의 '너'는 과연 누구일까? 문맥의 구조로 보아 '정겨운 개울물'에서 시작하여 물결이 일어 바다로 흘러가는 '강물'을 의인화시킨 시어일 것이다.

문장의 말미에서 푸른 내 영혼을 싣고 바다로 흘러가니, 아마도 노익장의 꿈을 싣고 너른 세계로 흘러 나아가는 화자의 삶의 모습이기도 할 것이다.

화자가 유년기에 고샅길을 걸어가면 따라 오는 정겨운 개울물 소리, 그것은 산사의 '목어木魚', 즉 수중생물을 제도하는 화자의 불심佛心까지 품고 별 총총 내리쏟아지는 풀꽃 핀 강나루의 나룻배에 이르러, 화자의 푸른 영혼을 싣고 너른 바다로 흘러간단다. 여기서 바다는 어릴 때의 꿈이 자라서 보다 더 성숙한 모습으로 너른 곳으로 나아가는 의식의 흐름의 귀착지이다. 이 글은 유년기의 봄날 추억을 더듬으며 의식의 흐름(Stream of consciousness)기법에 따라 시상을 전개하여 독특한 인상을 풍겨주고 있다.

어젯밤 꿈에 / 시조始祖새 한 마리 푸드득
내 이마 위로 날아오르고 //

짐승털옷에 돌도끼 메고 / 내 뒤를 밟던 사나이
뉘였을까
내 어느 전생前生 / 등고선等高線 어디쯤에서
돌도끼의 날 씻던 이 / 그는 뉘였을까 //

그래, 내 유년幼年의 강 / 하동河童들과 신명나게 자맥질하다
귀에 물이라도 들어갈라치면 //
햇볕 잘 달구어진 / 납작 차돌멩이 하나 주워
귀에 꼭 대고 / 외발로 깨끔 뛰면 //

아, 금방 / 심연深淵의 그 먹먹한 침묵沈黙 속에서
감쪽같이 빠져나오던 / 그 돌멩이 하나 //

나 지금 / 가만히 귀를 대고 / 한 손 뻗으면 금방
닿을 수 있는 그 태고太古의 / 고요 속에 다시 찾아 들어가 //

짐승털옷에 돌도끼 메고 / 내 뒤를 밟던 그 사나이를
오늘은 / 내가 그 뒤를 밟고 있다.

- 「아직도 내 기억의 강, 그 상류上流에는」 전문

이 글의 특징은 시공時空을 초월한 장면 설정과 등장인물의 배치이다. 소설로 치면 역순행적 구성에다 액자식 구성을 합친 것이다.

화자는 시간을 거슬러 올라가 전생前生의 세계에서 짐승 털옷에 돌도끼를 메고화자의 뒤를 따르던 그 사나이가 누굴까 하고 상상해 보고 있다. 그러다가 유년시절 물놀이할 때처럼 햇볕에 달구어진 납작 차돌멩이를 귀에 대고 가만가만 들어보니, 태곳적 고요 속에 당시의 모습이 재생되는데, 오늘은 화자가 짐승 털옷에 돌도끼 메고 전생에 내 뒤를 밟던 그 사나이의 뒤를 밟고 있다는 것이다.

여기서 짐승 털옷에 돌도끼를 멘 그 사나이는 과연 누구일까? 흥미로운 소설 같은 이야기이다. 유강 시인의 작품세계 속에는 환생과 인연과 순환의식을 중시하는 것으로 보아 아마도 전생의 자아 또는 합일의 존재를 암시한다 할 것이다. 세상에 자신만큼 자기를 사랑하고 따를 자가 어디 또 있단 말인가? 전생에 그이가 날 따르고 오늘은 내가 그이를 따르고 있으니 그이와 난 환생의 띠를 두른 동일성 존재인 것이리라.

많은 시인들이 작시作詩를 하고 있지만, 유강 시인만큼 의식의 세계를 적나라하게 그려낸 작가는 드물다. 그는 마치 천재시인 허초희許楚姬가 상량문上樑文에다 신선세계의 모습을 생생히 그려낸 것과 같이, 시공時空을 넘나드는 의식 세계가 그의 작품 전반에 걸쳐 포진하고 있어 크게 눈길을 끈다.

6. 인연, 그리고 아버지의 소중한 유산

축복 중에 가장 아름다운 축복은 좋은 사람과의 만남의 축복이다. 만남은 인연으로 이루어지는데, 불가에서는 인연의 척도를 겁劫으로 표현하고 있다. 1겁劫은 물방울이 떨어져서 집 채 만한 바윗덩어리를 다 없애는데 걸리는 시간이다. 길가다가 옷깃만 스쳐도 5백겁의 인연이 있어야 하며, 부부간 만남의 인연은 7천겁이 있어야 한다니, 인연이란 그 얼마나 엄청난 깊이이고 소중한 것인지, 유강 시인은 이러한 인연의 연결고리를 '그리움'이라는 그릇에 넣어 글 속에서 잘 표현해 내고 있다.

당신은 어쩜
내 아슴푸레한 기억記憶의 상류上流
거슬러 오르다 보면 //

백제百濟 적 / 어느 전생前生이었던가
청동靑銅 거울 속에 숨어살던 //

그 푸르디푸른 / 구만리 창천九萬里 蒼天을
끝내 안주安住하지 못 하고 //

한사코 / 내 뒤를 밟으며 떠돌던
단발머리에 도랑치마 입은
그 少女 //

아, 오늘 밤 / 소나무 우듬지에 걸터앉아
휘파람새 한 마리
밤늦도록 울게 하는가.

-「그믐달」 전문

이 글에서 제목 '그믐달'은 무엇을 상징하는가? 아마도 먼 옛날 전생에 이루지 못 하고 까물까물 사라져간 사랑에 대한 애틋한 그리움의 대상을 상징할 것이다. 그 인연의 인물이 백제 적에 화자의 뒤를 밟으며 떠돌던 단발머리에 도랑치마 입은 소녀란다. 그러나 끝내 연분이 닿지 않아 이루지 못 하고 헤어진 그녀, 그래서 화자는 오늘도 한 마리 휘파람새가 되어 밤늦도록 울고 있는 것이 아닌가? 까마득한 날, 까마득히 사라져간 인연이 아쉽고 그리워서 오늘밤도 소나무 우듬지에 걸터앉아 밤새도록 울고 있는 서정적 자아의 심리 상황, 그것은 '그믐달'로 환치되어 까물까물 꺼져가는 애타는 그리움의 형상에 존재적 상징성을 더해 주고 있다.

칠정七井 겹줄 / 하이얀 무명베
상여꾼 어깨 너머 / 그 낮달이시던가 //

휘파람새 / 해종일 울어대던 / 뒷산 마루에
뜨던 낮달이시던가 //

사립문 틈새에 / 흰 종이 봉투 한 장 남기고
썰물 끝에 밀려간 / 조각배였던가 //

그래 그래 / 짧고 짧은 인연因緣
매몰차게 자르고 //

상흔傷痕 위에 / 새살처럼 돋아난

아픔이었네.

- 「님이 가시던 날」 전문

상여꾼 만가挽歌에 만장 깃발 펄럭이는 북망산 길이 훤히 보이는 인생무상의 초월적인 이별의 노래이다. 떠나가신 임을 보내는 마음이야 한없이 서럽지만, 세상 번뇌와 짧디짧은 인연 매몰차게 자르고 천명 받은 명대로 떠나는 날에 위안의 노래라도 불러 줄 수밖에, 원숙한 삶의 끝언저리에서나 가슴으로 종심終心으로 느낄 수 있는 영혼의 조사弔詞이다.

천상병千祥炳 시인이 "아름다운 이 세상 소풍 끝내는 날, 가서 아름다웠더라 말하리라"라고 했는데, 이 글은 가신 임을 '낮달', '조각배'에 비유하면서 말미에는 "그래 그래, 짧은 인연 매몰차게 자르고, 상흔傷痕위에 새살처럼 돋아난 아픔"이라 하였으니, 떠나는 슬픔을 새로운 영적 삶의 계기로 인식하려는 위안과 초극 의지를 음미할 수가 있다. 소월素月의 「초혼招魂」이나 고복의식皐復儀式에서 찾아볼 수 있는 인생무상과 원숙한 삶의 끄트머리에서나 볼 수 있는 영적 시혼의 깨달음 글이다.

서녘 하늘 놀에 열린 뱃길 / 갯 비린내 물씬 안고
아버지는 바다를 만난다 //

풍랑風浪에 씻겨 / 파도에 길들여져
어깨가 넓은 아버지의 바다엔 / 서러움이 반
그 반은 눈물이 퍼렇게 멍들어 있었다 //

저 푸릇한 바위와 바위 사이에
나 이제 / 가쁜 숨결로 다가오는
아버지의 호흡을 듣고 있으니 //

아, 나의 아버지는 / 바다였다가 바다였다가
그 바다를 내게 남겨준 / 바다 유산을 안고 사는
나도 바다가 되어간다 //

날마다 날마다.

- 「나의 바다는」 전문

유강의 시들은 보통 시인들의 작품세계와는 본질적으로 다르다. 그가 상상하고 그려내고 있는 시혼詩魂은, 내면속으로 관류하고 있는 의식의 흐름, 그 흐름의 강과 바다가 현실 세계를 뛰어넘는다. 그렇다고 유강의 작품 세계가 현실과 완전 괴리되고 동떨어진 세계라고 할 수는 없다. 그가 더듬어 상상하고 투시透視하고 있는 작품 세계는 현실과 이상 사이를 오가며 들락날락 상호 손을 맞잡고 있는 나들목길의 시혼詩魂이다. 대지로 치면 강과 바다를 이어주는 갯벌 정도라고나 할까? 그는 그 갯벌에서 아름다운 나들목의 추억을 떠올리고 바다를 물려준 아버지의 자취를 그려내고 있다.

갯비린내 물씬 안고 꿈의 바다로 나아가신 아버지, 풍랑과 파도에 맞서 개척하신 아버지의 바다에는 서러움이 반인데, 다른 한쪽 반은 눈물로 퍼렇게 멍들어 있다. 화자는 지금도 가쁜 숨결로 다가오는 아버지의 체취와 호흡을 감지하며, 아버지를 닮아 자신도 갯골을 건너 바다가 되어간다니 참으로 의미 깊고 감동적인 이야기다.

이 글속에서 아버지가 화자에게 남겨준 유산은 바로 '바다'이다. 그곳은 더 넓고 더 푸른 꿈을 담고 있는 크나큰 은혜의 품 안이다. 이러한 눈물어린 아름다운 정신 유산을, 아름다운 시상으로 펼쳐나간 작가의 필

력과 효심이 반짝반짝 빛나는 매우 인상 깊은 글이다.

지금까지 유강 시인의 작품세계를 주제별로 분석해 보았다.

유강(裕康) 김병렬 시인의 작품세계 속에는 어느 작가의 글에서도 찾아보기 힘든 '의식(意識)의 흐름' 속에서 전개되는 영적 깨달음과 놀라운 상상력의 세계가 전개되어 있다. 그는 공맹사상孔孟思想보다는 노장사상老莊思想을 신봉하는 선비다. 필자는 마치 시선詩仙의 세계에서 놀라운 깨달음의 진리를 발견한 듯, 심오한 시적 감흥을 경험하였다. 문학이 한낱 일상의 관념적 넋두리로 끝나는 게 아니라, 현실과 이상세계를 넘나들며 이상향을 제시해 가는 자유분방한 멋진 필력의 소산이라는 사명감이 유강 시인의 놀라운 작품 세계를 통하여 선명히 드러나 있다.

유강 시인이 자칭 "바람의 시인"이라고 표방하고 나선 것은 현실적 번뇌를 벗어난 달관의 경지에서 바람처럼 물처럼 흘러가려는, 무위자연의 차원 높은 인생관을 실천하려는 데에 뜻이 있었다. 그는 보기 드문 현대의 모범 선비요, 수행자요, 교육자이다. 그의 인품이나 사상은 작품 속에 면면히 녹아들어 있으며, 많은 문인들에게 정신적 문학적으로 크게 귀감이 될 것이다.

이 한 권의 소중한 서책이 아직까지 깨달음의 지름길에 이르지 못 한 많은 독자들에게 새로운 소망의 불빛으로 인도해 주는 인생의 참된 지침서가 되리라고 믿는다.

2021년 9월 9일, 三益齋에서 曉峯 撰

裕康 김병렬(金炳烈) 시조시인

本貫 淸風
1952년 全南 長興 출생

약 력

시인, 시조시인, 평론가
장흥초 · 중학교, 청량고등학교 졸업
단국대학교 문리과 대학 국어국문학과 졸업
명지대학교 대학원 국어국문학과 졸업
강남대학교 국어국문학과 강사
재현중학교 교사, 보성 중 · 고등학교 교사
한국시, 문학저널 시 부문 등단(2006년)
문학의 강(남한강문학) 시조 등단
한국창작문학 평론 등단
국제 펜 한국본부 이사
한국문인협회 회원
한국창작문학 주간
강동문인협회 이사
창작산맥 회장(전)
청안문학회 부회장
문학의 강(남한강문학회) 사무국장 편집국장
한국시조사랑 편집국장
세종문학회 회원
소백의 사람들 회원
시조문학진흥회 회원

조지훈 문학상 수상
한하운 문학상 수상
김우종 문학상(창작산맥) 수상
한국창작문학 문학대상 수상
문학저널 문인회 우수 작품상

저 서

『바람이 가는 길』 『바람꽃, 그리고 나』
『바람에게 하는 말』 외 공저 다수

휴대폰: 010-3311-9676
E-mail: byeryeol@hanmail.net

김병렬 제 3 시집

바람에게 하는 말

초판인쇄 : 2021년 10월 15일
초판발행 : 2021년 10월 23일

지 은 이 : 김병련
펴 낸 이 : 심의표
펴 낸 곳 : 도서출판 (우림)
기획인쇄 : 바울기획

등록번호 : 제2015-000086호
등록일자 : 2015년 6월 22일
연 락 처 : 서울 중구 을지로 18길 19 신도빌딩 205호
전　　화 : 010-8944-4961
이 메 일 : ep0304@hanmail.net

정가 12,000 원

ISBN 978-89-90459-80-0